동아시아
불교

동아시아불교

2018년 12월 24일 인쇄
2018년 12월 28일 발행

지은이 | 조윤호·강규여·김현구·박민현·조배균
펴낸이 | 정병석

펴낸곳 | 전남대학교출판문화원
주소 | 61186 광주광역시 북구 용봉로 77
전화 | (062) 530-0571~3 팩스 | (062) 530-0579
등록 | 1981. 5. 21. 제53호
홈페이지 | http://www.cnup.co.kr
이메일 | cnup0571@hanmail.net

값 12,000 원

ISBN 978-89-6849-578-6 (93220)

이 도서의 국립중앙도서관 출판예정도서목록(CIP)은 e-CIP홈페이지(http://www.nl.go.kr/ecip)와
국가자료공동목록시스템(http://www.nl.go.kr/kolisnet)에서 이용하실 수 있습니다.
(CIP제어번호: CIP2018041700)

동아시아 불교

조윤호 | 강규여 | 김현구 | 박민현 | 조배균

기원 1세기를 전후하여 한족(漢族) 중심의 중국 사회는 북방 이민족의 세력 확장과 더불어 불안정 상태에 빠지게 되었으며, 새로 등장한 이민족 중심의 지배세력들은 유교 등 한족의 문화와 사상을 대체할 새로운 이념으로 외래 사상인 불교에 주목해 적극 수용하였다. 이후 중국에서는 대대적인 불경 번역(漢譯) 사업과 연구가 진행되었으며, 그 성과물은 한국, 일본 등 주변 한자문화권 국가들에도 공유되어 각 지역에서 다양한 전개가 이루어졌다. '동아시아불교'란 이러한 불교에 대한 통칭이다.

전남대학교출판문화원

❑ 차 례

동아시아불교 개설 007
윤회응보는 어떻게 가능한가 017
윤회사상은 어떻게 중국화 되었는가 031
효도란 무엇인가 051
종교와 국가, 어느 것이 우선하는가 064
부처는 어떤 존재인가 078
진리의 몸은 존재할 수 있는가 091
깨달음은 단번에 이룰 수 있는가 108
우리는 정말 부처가 될 수 있는가 121
실존을 탐구하는 방법으로 화두는 효과적일까 139
우리는 '공성'(空性 : Śūnyatā)을 통해 무엇을 알 수 있을까 151
의식에 대한 반성은 존재의 실상을 자각하는 길인가 166
한 생각과 세계는 어떠한 관계인가 178
유심이란 어떤 의미가 있는가 191
극락세계는 정말 존재하는가 202
우리는 왜 미륵불을 찾는가 221

동아시아불교 개설

불교사 개괄

불교는 약 2500년 전 인도에서 석가모니(釋迦牟尼)에 의해 시작되어 세계 각지에 전파되었다. 크게 분류해 보면, 기원전 3세기 이후 스리랑카를 중심으로 하여 미얀마·타이·캄보디아·라오스 등 동남아시아 여러 지역에 퍼진 상좌부(上座部) 계통의 남방불교(南方佛教), 기원 1세기 이후 중국을 중심으로 하여 한국·일본·베트남 등에 퍼진 대승불교 계통의 북방불교(北方佛教), 7세기 이후 티베트를 중심으로 하여 몽고 등에 퍼진 대승의 티베트계 불교, 근대 이후 서양에 전파된 불교 등이 그것이다.

이 가운데 남방불교는 인도 고대어인 팔리어(Pali)로 쓰인 아함(阿含) 경전, 북방불교는 중국 고대어인 한어(漢語)로 번역된 불전, 티베트·몽고계 불교는 티베트어와 몽고어로 번역된 불전을 사용하며, 지역에 따라서는 일부 자국어로 번역한 불전을 사용하기도 한다.

동아시아불교의 형성

기원 1세기를 전후하여 한족(漢族) 중심의 중국 사회는 북방 이민족의 세력 확장과 더불어 불안정 상태에 빠지게 되었으며, 새로 등장한 이민족 중심의 지배세력들은 유교 등 한족의 문화와 사상을 대체할 새로운 이념으로 외래사상인 불교에 주목해 적극 수용하였다. 이후 중국에서는 대대적인 불경 번역(漢譯) 사업과 연구가 진행되었으며, 그 성과물은 한국, 일본 등 주변 한자문화권 국가들에도 공유되어 각 지역에서 다양한 전개가 이루어졌다. '동아시아불교'란 이러한 불교에 대한 통칭이다.

한편 이질적 사상으로서 불교가 동아시아에서 수용되어 전개되는 과정은 순조롭지만은 않았다. 즉 불교는 동아시아라는 전혀 다른 문화 속에서 필연적으로 일정한 변용의 과정을 거칠 수밖에 없었다. 변용을 강제하는 요인은 도처에 있었다. 우선 수행자의 독립적이고 자유로운 문화가 일반화되어 존중되던 인도사회와 달리 강력한 국가주의를 특징으로 하는 동아시아에서 개인의 자유로운 삶의 방식은 결코 보장될 수 없었으며, 불교는 국가권력의 통제 하에서만 활동이 인정되었다. 이같은 상황에서 교리에 대한 재해석, 취사선택 등이 이루어지는 것은 당연했다. 사회·정치적 현실에 대해 극히 소극적이고 보수적인 동아시아불교권의 문화는 이러한 상황과 무관하지 않다.

또한 동아시아 사회에서 불교 이해의 토대인 한역불전은 번역과정에서 중국화라는 결정적인 변용의 과정을 이미 한 차례 거친 것이었다. 산스크리트어나 팔리어로 서술된 소위 '원전'들은 중국어로 번역되는 과정에서 어휘 표현에서는 물론, 종종 그 내용까지도 크게 바뀌었다. 중국에서는 외래 사상인 불교를 이해함에 노장

(老莊) 등 자신들의 전통사상이나 고전에 근거한 개념들을 동원해서 번역하고 이해했다. 따라서 한역 불전을 토대로 형성된 동아시아불교는 인도불교와는 다른 특징들을 갖게 된다.

동아시아불교의 사상적 특징

사상적으로 불교의 연기적(緣起的) 존재론과 인식론은 동아시아인들의 세계관 형성에 새로운 지평을 제공하였다. 또 행위의 결과에 대한 명확한 설명이 없거나 막연하게 가족이나 후손에게 그 화복(禍福)이 미치는 것으로 생각하던 동아시아인들에게 불교의 업보윤회(業報輪廻) 사상은 큰 충격이었으며 그들의 죄의식의 자각을 촉진하였다. 동시에 동아시아에서 이들 사상의 수용과 해석 과정에서는 흥미로운 상황들도 발생한다.

예를 들어 연기의 사태에 대한 이해에서 인도불교의 경우, 원인과 결과의 관계에서 결과의 무자성성(無自性性) 증명에 주안점이 있었던 반면 동아시아불교의 경우 결과의 무자성·공성(空性)보다는 존재성·유성(有性)의 확인에 주안점이 놓인다. 인도에서 허무적으로 해석되던 공(空)사상은 중국에서는 무(無)의 사상을 통해 적극성을 갖게 되는 것이다. 중국에서 공과 공성의 개념은 노장(老莊)의 무를 통해 이해되나, 무의 사상을 배경으로 하는 선(禪) 불교는 유의 근저에 무를 확인한 뒤, 이를 통해 다시 유의 세계로 돌아와 결국에는 모두를 긍정하는 방향으로 나아간다.

또 인도불교의 경우, 개별과 전체의 문제에서 둘은 긴장관계를 유지하고 있었으나, 동아시아불교의 경우는 전체 속에서 개개의 구별은 무의미한 것으로 이해되고, 세계의 존재성은 총체적·통일적·조화의 논리에 의해 적극적으로 해석된다. 화엄(華嚴) 불교의 세계관이 대표적이다.

이처럼 현실 중시의 동아시아 사회는 불교 역시 강력한 현세구복의 신념체계로 자신들의 문화 속에 흡인하기도 하며, 그 과정에서 불교는 신비적·형이상학적·은둔적 사상으로 회귀하는 모습을 보이기도 하는 것이다. 동아시아불교권에서 점차로 이론적·현학적 성격이 강한 천태(天台)·화엄(華嚴) 등의 교학보다는 실천적·대중적 성격이 강한 선(禪)·정토(淨土)·미륵(彌勒) 사상 등이 중시되기에 이르는 것도 이와 무관하지 않다.

동아시아에서 전개된 불교는 유교와 달리 개인적 영혼의 구제라는 종교적 기능을 보완하여 종교적 신념체계로서 역할해왔을 뿐만 아니라, 각 지역에서 그들의 의식세계와 문화 형성에 깊이 관여해왔다. 유교가 단순한 사회도덕·예학(禮學)에서 철학체계로 발전·변모하는 데에 불교의 이론들이 크게 영향을 끼쳤다는 것 역시 널리 알려진 사실이다. 동아시아불교의 전개에 보이는 이 지역 사유전통들과의 갈등과 습합 과정에서 형성된 사상과 대응방식들은 우리의 자기이해에 중요한 통로를 제공한다.

이 책에서는 동아시아불교권에서 문제시되거나 주목되었던 몇 가지 중심 주제들을 골라 다루고 있다. 각 주제의 문제의식 및 의의 등을 소개하면 다음과 같다.

윤회응보는 어떻게 가능한가

사후세계나 재생의 관념이 희박했던 동아시아 사회에서 윤회보응(輪廻報應)이라는 불교의 세계관은 그 원리 및 주체 등 그 진실성을 둘러싼 일대 논쟁을 야기하였다. 이 논쟁에서는 신체와 영혼의 존재(구성) 원리 및 둘의 관계, 행위의 존재론적 의미 등이 핵심

쟁점이 되었으며, 이는 동아시아 문화권에서 인간의 신체와 영혼의 본질에 대한 진지한 재검토의 계기가 되었다.

윤회사상은 어떻게 중국화 되었는가

불교가 중국에 전래되기 전에는 중국인들 고유의 생사 관념이 존재하고 있었다. 하지만 그들의 생사 관념은 불교에서 말하는 윤회사상과는 본질적으로 달랐다. 따라서 불교의 윤회사상은 그들에게는 낯선 이국의 사상으로서 바로 받아들이기에는 쉽지 않았다. 하지만 중국인들은 대립과 논쟁, 수용과정 등을 거쳐 결국 자기들의 사상으로 발전시켜 나간다. 이는 타민족의 사상이나 종교, 문화들을 받아들이는 과정에 있어서의 전형적인 모습을 보여주고 있는 것이다.

효도란 무엇인가

오늘날은 근대화의 격동기를 거치며 가족의 형태도, 가족 관념도 변화를 겪어왔기 때문에 가족 관계를 유지하는 구심점 역할을 했던 효도의 의미에 대해서도 다시 성찰해 볼 필요성이 있다. 동아시아불교의 궤적을 돌이켜보면 효도의 의미에 대한 성찰에 도움을 줄 만한 논의들이 있었다. 바로 출가는 효도에 위배되는가 아닌가에 대한 논란이었다. 그 논의들을 참고한다면 효도의 의미에 대한 명료한 이해를 비롯해 오늘날에 적합한 새로운 효도관의 정립을 기대할 수 있을 것이다.

종교와 국가, 어느 것이 우선하는가

종교가 우리에게 갖는 의미는 무엇일까? 더욱이 종교로 인해 발생하는 문제들이 엄존하는 현실에서 우리는 어떤 고민을 하게 되는가? 이러한 의문은 오늘날을 살아가는 우리들에게 적합한 종교관이나 국가관이 무엇인지에 대한 성찰의 계기가 될 것이다. 이와 관련하여 참고가 될 만한 한 가지 사례가 동아시아불교 안에 존재한다. 인도에서 기원한 불교가 동아시아로 전래하며 정착해가는 과정에서 발생했던 예경논쟁이 바로 그것이다. 예경논쟁에서 등장하는 견해들은 오늘날 종교와 국가 간 갈등과 해법에 대해 성찰하는 데 유의미한 하나의 예시가 되어줄 것이다.

부처는 어떤 존재인가

부처는 누구인가라는 질문은 동아시아로 불교가 전래된 초기부터 제기되었다. 부처라는 존재에 대한 물음을 통해 부처를 이해하는 과정을 겪으면서 부처는 우리 문화 속에서 신앙의 대상으로서 또는 본받아야 할 인간상으로서 정착했다고 할 수 있다. 그렇다면 오늘날 부처에 대한 우리의 인식은 어떠한가? 이를 성찰해보기 위해 동아시아불교에서 제기되었던 부처에 대한 물음과 해명 등을 몇 가지로 정리했다. 물론 이 내용이 2천년 이상의 동아시아불교사 안에서 나타난 부처에 대한 이해의 전부라고 할 수는 없지만, 동아시아문화 속에서 부처가 어떤 존재인지 혹은 어떤 존재로 이해되었는지에 대해 고찰해보고 오늘날에는 어떤 의미가 있을지에 대해 생각하는 데 도움이 될 수는 있을 것이다.

진리의 몸은 존재할 수 있는가

불교에서는 현실의 몸과 별도로 궁극의 몸 내지 인격체로서 진리의 몸(法身)을 말한다. 이 법신이라는 새로운 개념은 동아시아불교권에서 그 존재론적 토대, 양태, 실천적 기능 등에 대한 논쟁을 촉구하였다. 이 논쟁은 동아시아불교권에서 궁극의 인격체로서 부처(佛)에 대한 이해의 문제는 물론 몸(身) 개념의 확장이라는 문제와 관련하여 큰 시사를 준다.

깨달음은 단번에 이룰 수 있는가

깨달음의 내용과 방법 등에 관한 돈점(頓漸) 논쟁은 지금까지도 동아시아불교의 주요 이슈로 자리하고 있다. 돈오(頓悟)와 점오(漸悟), 돈오(頓悟)와 점수(漸修), 돈오점수(頓悟漸修)와 돈오돈수(頓悟頓修) 등과 같은 세계관의 차이는 정통 교의 논쟁의 중심에 여전히 서있다. 이러한 논쟁은 불교의 궁극적 목적인 깨달음과 관련한 문제로서 마음의 본성은 무엇이고, 그것을 어떻게 실현할 것인가의 문제를 묻고 있다.

우리는 정말 부처가 될 수 있는가

초기불교에서는 전통적으로 수행을 통한 깨달음의 가능성을 역설했다. 그것이 대승불교에 들어오면 모든 사람들의 깨달음에 대한 가능성 즉 불성이 이미 우리들에게 내재되어 있다고 말한다. 심지어 『화엄경』에서는 부처와 중생사이에는 아무 차별이 없다는 사상까지 설파하기에 이른다. 이러한 불성의 내재에 대한 문제는 우리 자신을 어떻게 바라 볼 것인가에 대한 많은 철학적 고민을 남겨준다. 우리는 이미 부처인가? 정말 우리는 모두 다 부처가 될 수 있는가?

실존을 탐구하는 방법으로 화두는 효과적일까

간화선의 화두로서 “이것이 무엇인가?”와 육조혜능(慧能)이 말한 “어떤 것이 그대의 본래면목인가?”라는 물음이 스스로를 되돌아보는 제1철학의 방법론이다. 화두 역시 언어의 일종이지만 일상적 언어와 같은 지시대상을 지시하는 역할을 수행하지 않는다. 대신에 화두는 일상적 언어 사용의 용법에 속하지 않아서, 언어와 지시대상 사이의 규약적 관계를 차단하고 봉쇄한다. 특히 이원적 세계를 구성하여 개체로서의 속박을 가속화시켜온 경향성을 해체하는 것은 단순한 반성만으로는 불가능하다. 오직 강력한 파괴력을 갖춘 화두라는 의심을 통해 개체로서의 삶을 이어온 관성을 뛰어넘을 수 있다. 결국 간화선은 인도 불교의 명상전통(Dhyāna)을 수용하여 동아시아적 색채가 강한 선(禪)이라는 이름의 수행전통으로 남는다.

우리는 '공성'(空性 : Śūnyatā)을 통해 무엇을 알 수 있을까

구마라즙(鳩摩羅什)의 뛰어난 제자였던 승조(僧肇)는 『조론(肇論)』을 지어 인도 중관학파의 시조 용수(龍樹)의 『중론(中論)』에서 논의하던 존재(有)와 비존재(無)의 부정으로서 '비유'(非有)와 '비무'(非無)적 이해를 소개한다. 인도 중관학파의 입장은 원리나 바탕이 되는 본체와 다양성으로 표현되는 현상의 관계를 설명할 때 중도적 시각에서 조망한다. 이 해석을 통해서 궁극적 진리의 영역에서 공으로서 진리와 세속으로서 현상은 다른 것이 아닌 사태 그 자체로 받아들여지며, 비유와 비무는 상즉(相卽)할 수 있다. 승조가 보여주는 사유의 특징은 존재와 비존재의 논쟁을 중국적 이해의 틀로 가져와 비유와 비무의 중도를 통해 상즉관으로 재구성한다는 점이다.

의식에 대한 반성은 존재의 실상을 자각하는 길인가

현장(玄奘)은 인도 나란다 사원에 머무르면서 호법(護法)의 제자 계현(戒賢)으로부터 호법 계통의 유식설을 전해 받은 이래로 고국에 돌아와 유식 관련 경론(經論)을 역경하여 유식의 교리를 선양했다. 현장은 호법의 설을 중심으로 하여 『성유식론(成唯識論)』을 번역하였고, 그의 제자인 규기(窺基)가 이를 주석한 『성유식론술기(成唯識論述記)』와 『대승법원의림장(大乘法苑義林章)』 등을 저술하여 법상종(法相宗)을 조직화했다. 중국 법상가들이 받아들인 인도 유식학파의 사유는 존재 세계의 참모습을 인식 외부에서 찾지 않는다. 오히려 그들은 외부 세계를 탐구하기보다 우리의 인식에서 존재의 근거를 찾는다. 중국 법상가인 규기 역시 인도 유식학파가 사유한 존재와 인식의 관계를 탐색한다.

한 생각과 세계는 어떠한 관계인가

천태종(天台宗)은 찰나의 한 생각, 곧 일념(一念)의 전개로 모든 존재와 현상을 해명한다. 중생이 직면한 존재계를 분류하는 십계호구설(十界互具說), 한 순간의 생각에 만유가 갖추어졌다는 일념삼천설(一念三千說), 마음의 본성에는 선과 악이 모두 갖추어져 있다는 성구설(性具說) 등은 모두 일념 이해와 관계된다. 이러한 교설은 마음의 번뇌를 멈추고 지혜로써 실상을 통찰하는 지관(止觀) 수행법으로 연결된다. 한 생각에서 모든 세계가 전개된다는 천태종의 유심론적 세계관을 살펴본다.

유심이란 어떤 의미가 있는가

모든 것은 마음일 뿐이라는 것을 유심(唯心)이라고 한다. 『화엄경(華嚴經)』의 유심게(唯心偈), 화엄오교판(華嚴五教判)에 따른 심식론(心識論), 십현문(十玄門)의 동시구족상응문(同時具足相應門) 등의 이해로 화엄종(華嚴宗)의 유심사상(唯心思想)은 구체화된다. 마음을 중심으로 온 우주의 무한한 관계성을 해명하는 화엄종의 유심사상을 검토한다.

극락세계는 정말 존재하는가

불교에서는 수많은 부처님들의 불국토를 이야기한다. 그 세계들은 하나같이 아름다운 이상세계이다. 하지만 중요한 것은 그 세계가 실재하는가의 여부이다. 존재하지도 않는 세계를 이야기 한다는 것은 아무 의미도 없는 환타지일 뿐이다. 기독교의 천국처럼 서방극락세계의 존재 여부는 불교에서 해결해야할 하나의 숙제이다. 물론 꼭 존재하는 실체를 통해서만이 우리가 무언가를 배울 수 있는 것은 아니다. 비실체나 형이상학적인 요소를 통해서도 우리는 많은 것을 배우고 깨달을 수 있기 때문이다. 그런 의미에서 아미타불이나 극락세계는 그 실재 여부를 떠나 우리의 삶에 많은 영향을 주는 그 무엇이라고 할 수 있다.

우리는 왜 미륵불을 찾는가

미륵사상은 불교 사상사에 있어 매우 중요한 위치를 점하고 있는 사상이다. 왜냐하면 미륵불은 석가모니불의 대를 이어 바로 다음 대의 부처로서 인정받고 있기 때문이다. 따라서 미륵이란 존재는 누구이며, 그 사상이 어떻게 대중들의 마음과 생활 속에 자리잡고 있는지 알아보는 것은 중요하다. 미륵사상은 각 국가마다 부정적으로 작용한 측면도 있고, 긍정적으로 작용한 측면들도 많다. 미륵사상의 어떤 사상적 특성 때문에 이러한 긍정적이면서도 부정적인 문제들이 발생하게 되는지 그 구체적인 내용들에 대해 탐구해본다.

윤회응보는
어떻게 가능한가

윤회응보설은 진실인가

불교 수용 초기 중국인들은 자신들의 전통적 이해와는 전혀 다른 세계관에 놀라고 당혹스러워 한다. 특히 전생의 행위의 과보로서 다음 생이 결정된다는 윤회응보설(輪迴應報說)과 관련하여 그 진실성 여부를 둘러싼 문제는 당시 가장 큰 주제였다. 죽음과 동시에 육체적·정신적 요소들은 모두 소멸하는 것으로 보아 재생의 관념이 희박했던 그들에게 다시 다음 생이 이어진다는 것은 너무 낯설은 세계관이었기 때문이다.

4세기 경 대표적 불교 사상가인 혜원(慧遠, 334~416)의 『명보응론(明報應論)』은 인도와 중국의 세계관이 충돌하는 혼돈의 상황 속에서 고민하는 중국인들의 사유의 흔적을 보여준다. 이 책에서는 윤회응보의 주체로서 영혼(神)의 문제를 둘러싸고 혜원과 당시의 위정자인 환현(桓玄)의 진지한 대화가 전개되기 때문이다.

윤회응보의 주체는 신체인가 영혼인가

원래 윤회응보라는 사고에는 행위의 영향력(業力)과 그 담지자가 전제되어 있다. 따라서 윤회응보에 대한 논의는 업력과 그 담지자의 본질에 대한 문제로 귀착된다. 윤회응보란 잠재적 업력이 특정 대상에 작동하여 현재화하는 것을 의미하기 때문이다. 이때 현재화란 특정한 생명 개체의 발생 또는 양태 규정을 말한다.

한편 중국에서 윤회응보의 문제는 특히 응보의 주체로서 영혼에 논의가 집중되어 전면에 등장한 것으로 보인다. 4~5세기 불교 수용기를 중심으로 활발하게 전개된 영혼은 소멸하는 것인가 그렇지 않는 것인가라는 논쟁(神滅不滅論)이 이를 대표적으로 보여준다. 그러나 윤회응보의 문제는 신체에 대한 논의를 빼고 다루어질 수 없는 것이 사실이다. 세계인식의 일차적 토대는 신체에 구비된 감각기관이며, 세계인식이라는 행위 그 자체를 포함해 그에 토대한 신체적·비신체적 모든 행위는 이 신체에서 출발하는 것으로 볼 수도 있기 때문이다.

혜원은 윤회응보의 문제를 영혼에 대한 신체의 토대성·우선성에 주목하여 접근한다. 그는 업력이란 그것이 정신적 행위(意業)에 의한 것이라 할지라도 결국은 신체에 기반을 둔 것이라고 보는 듯하다. 이것은 그가 업력의 담지자인 영혼보다 오히려 업력 자체의 본질에 주목하고 있음을 의미한다. 따라서 혜원은 연장성(延長性)을 특징으로 하는 신체에서 출발한 업력이 어떻게 비신체적인 대상, 즉 영혼에 영향력을 행사하게 되는 것인가를 묻는다.

신체와 영혼의 존재원리는 같은 것인가

질문자 환현은 당시 중국에 전래된 불교에도 상당한 식견이 있었던 듯, 혜원에게 불교 윤회응보론의 진실성에 대해 다음의 두 가지 관점에서 의문을 제기한다. 첫째, 신체와 영혼의 존재원리는 다른 것이 아닌가? 둘째, 인간의 감성적 능력 내지 활동은 반드시 부정적인 것인가?

첫 번째 질문의 요지는 다음과 같다. 신체와 영혼은 형성 원리가 서로 다르며, 따라서 소멸에 있어서도 한쪽이 다른 쪽에 영향력을 행사한다는 것은 있을 수 없다. 둘의 관계에서 볼 때 신체는 영혼이 머무는 장소이며 생명이 깃드는 곳으로서, 의식작용 등 정신적 활동은 이를 근거로 하여 전개된다. 그런데 신체를 거처로 해서 영혼이 존재한다고는 하나 신체는 지·수·화·풍(地·水·火·風) 네 가지 요소(四大)의 결합의 산물임에 반해 영혼은 그와는 다른 원리에 의해 성립하며, 둘은 정교함과 조야함의 차이를 넘어서 있다. 둘의 관계 역시 임시적이다. 따라서 신체는 소멸할지라도 영혼이 훼손되는 일은 없다.

> 불교경전에 '살생의 죄는 무거워서 지옥의 벌을 받는다. 사후의 세계에서 법칙에 의해 관리의 심판을 받는 인과응보(因果應報)의 도리는 그림자나 메아리가 형체나 소리에 답하는 것과 같다'라고 한다. 그런데 사대(四大)의 실체는 지·수·화·풍이며 이것들의 결합에 의해 신체가 성립하며, 이 신체는 영혼이 머무는 장소로서 여기에 생명이 깃들어 정신활동과 의식작용이 펼쳐진다. 즉 영혼은 신체를 임시의 거처로 존재한다고는 해도 신체와는 전혀 다른 차원의 원리에 의해 성립해있는 것이다. 따라서 신체가 소멸하더라도 영혼이 손상을 입는 일은 없으며, 영혼이 지옥의 고통을 받는다는 말은 틀린 것이 아닌가?(『明報應論』, 『大正藏』 52, 33b)

원래 신체(形)와 영혼(神)의 관계에서 당시 중국 전통사상의 계승자들은 일원론의 태도를 취하였으며, 그들은 이같은 관점에서 불교의 이원론을 비판하였다. 그런데 여기에서 환현은 불교의 이원론을 인정한 위에 그렇다면 신체와 영혼 둘 사이의 상호 영향관계도 성립 불가능한 것이 아닌가라고 물음을 제기하는 것이다. 즉 형신이원론(形神二元論)을 취할 경우 봉착하게 되는 윤회응보 원리의 불합리성을 추궁하는 것이다. 이것은 중국에서 기존의 윤회응보론이 신멸·신불멸의 논의에 머물렀던 것에 비해 진전된 전개를 보이는 것으로 평가된다.

혜원의 답은 다음과 같다. 신체의 형성은 직접적으로는 사대의 결합에 의한 것이다. 그런데 원래의 계기는 근원적 무지(無明)가 지혜의 활동을 방해하고 탐욕·애착이 인간의 본성을 상실하게 했기 때문이다. 이 둘의 작용이 계기가 되어 신체가 형성되고 분별과 애착 및 행위(업)가 있게 되면 그에 수반해 응보가 뒤따른다.

> 무명은 번뇌의 근원이고 탐욕·애착은 여러 고뇌의 창고이다. 이 둘이 함께 움직여 은밀하게 신묘한 작용을 일으키며, 길흉(吉凶), 회린(悔悋) 등은 오직 이것들의 움직임에 따른 것이다. 무명은 지혜의 빛을 가리기 때문에 감정(情)과 생각(想)은 외부의 대상에 집착하게 된다. 탐욕·애착은 영혼의 본성을 벗어나게 하므로 사대가 결합하여 신체를 형성하게 된다. 사대가 결합하면 피차의 구별이 있게 되고, 감정이 외부의 대상에 집착하게 되면 선악에 주체가 있게 된다. 나와 남의 구별이 있게 되면 그 신체를 나라고 여겨 잊지 못하게 되고, 선악에 주체가 있게 되면 그 생을 사모하여 생을 끊지 못하게 된다.(『明報應論』, 『大正藏』 52, 33c)

여기에서 주목되는 것은 혜원의 이같은 이해가 삼세양중(三世兩重)의 업감연기설(業感緣起說)을 중심으로 하는 설일체유부의 개체 생성론을 연상시킨다는 점이다. 즉 무명에 의해 현재의 영혼(識)이 발생하고, 탐애(愛)에 의해 미래의 개체(有)가 탄생한다는 혜원의 이해는 설일체유부 등이 십이연기에서 무명·행을 과거의 인, 식·명색·육입·촉·수·애·취·유를 현재의 과(果)이자 미래의 인(因), 생·노사를 미래의 과(果)로 보아 태생학적으로 해식하는 것에 상응하기 때문이다. 또 신체 형성 이후 현생에서의 삶의 전개와 미래의 윤회에 대한 혜원의 설명 역시 애-취-유-생-노사의 전개라는 설일체유부 등의 업감연기론의 구조에 상응하는 것으로 보인다.

한편 혜원의 인간론은 이상과 같은 불교 내부의 교리적 배경과는 별도로 그것이 중국 고유의 사유전통에 크게 기대고 있음이 확인된다. 알려진 것처럼 중국에서는 일찍부터 현상계의 다양한 생멸변화 또는 그것을 성립시키는 천지조화의 활동을 변화(化)라는 개념으로 포착하였다. 중국에서는 그 변화·활동의 동력으로서는 기(氣)·도(道) 등의 형이상학적 토대·원리를 상정하며, 그 변화·활동의 본질 내지 양태를 자연(自然)이라는 개념으로 포착하여 제시하는 것이다. 혜원의 인간 이해에는 이러한 사유가 전면적으로 수용되고 있으며, 특히 그가 『장자』의 인간관에 크게 경도되어 있는 사실이 확인된다.

『장자』에서는 몸은 다른 물질을 빌려 하나의 몸을 형성하며, 삶은 먼지와 같은 것으로, 생사는 기의 변화이며, 만물의 가고 옴의 자연의 운행으로, 몸의 생멸취산은 자기와는 관계가 없으며, 만물은 큰 꿈속에 잠시 거주하는 것이라고 하기 때문이다.

저 사대의 성질을 미루어 만물이 형태를 받는 근본의 도리를 밝혀보자면, 인간의 신체는 본래 다른 물질을 빌려 하나의 몸을 형성하고 있으며, 생(生)은 티끌(塵)과 같은 것으로, 탄생과 죽음도 같은 기(氣)의 변화(化)에 지나지 않다고 할 수 있다. 만물의 가고 옴이라는 자연(自然)의 운행에 따르면 이 신체는 생멸취산(生滅聚散)해도 그것은 자기 자신과는 관계가 없고, 만물을 큰 꿈속에 잠시 거주하는 것으로 본다면 실제로는 유(有)의 세계에 있으면서 무(無)의 세계에 있는 것과 같게 된다. 거기에서는 어찌 자연으로부터 받은 신체에 얽매여 세속 사람들이 집착하는 생에 묶이는 일이 있겠는가.(『明報應論』, 『大正藏』 52, 33b)

신체와 영혼은 생성·존재 원리가 다르므로 신체적 행위의 결과가 영혼에 반영되는 일은 불가능하며 따라서 윤회응보론은 설득력이 없다는 질문자의 의혹에 대해, 이의 해소에는 혜원의 보다 구체적이 설명이 필요한 듯하다. 여기에서 환현이 제기한 두 번째 질문 내용이 주목된다.

감성적 능력은 윤회응보의 과정에 어떻게 작동하는가

질문자 환현은 다음과 같이 묻는다. 사람의 마음은 애착(愛)이 많고 오직 자아에만 집착하여 감정(情)과 사려(慮)가 깊은 것이 사실이다. 그런데 감정(情)과 감응(感)의 활동에 의해서 응보가 발생한다고 한다면 그것은 인간 심성의 자연적 전개인 감정을 죄악의 근원으로 보는 것이며, 자연의 이치에 따라야 한다는 도리에 위배되는 것이 아닌가?(『明報應論』, 『大正藏』 52, 33b)

즉 환현의 질문은 감정(情)에 대한 평가와 관련된 것으로, 감정은 외부세계에 대한 감응(感)의 주체로서 그 전개는 인간 심성의 자연스러운 모습이며, 중국의 성인들은 자연을 중시하고 그 이법에 따를 것을 가르치고 있는데, 이를 죄악의 근원으로 보는 것은 부당하다는 문제 제기이다.

여기에서 인간의 감성적 능력 내지 활동으로서 감정(情), 감응(感) 등의 개념은 사실 혜원의 경우 신체와 영혼의 관계를 설명하는 핵심 개념이다. 그는 이 개념들을 통해 신체적 행위에 토대한 업력이 어떻게 영혼에 반영되어 응보라는 현상이 성립하는가를 해명하기 때문이다. 혜원의 답변 요지는 다음과 같다. 신체는 지·수·화·풍 사대의 결합에 의해 생성되며, 영혼은 여기에 머문다. 둘의 관계는 주·객 내지 내·외의 구별은 있으나 궁극에 있어서는 혼연일체이다. 신체와 영혼은 긴밀하게 서로 반응하는 존재이다. 원래 영혼에는 외부 자극에 감응하는 기능 내지 능력이 갖추어져 있으며, 그러한 영혼이 거주하는 신체 역시 감응 능력이 자연스럽게 확보되어 둘은 혼연일체의 관계로서 존재하는 것이기 때문이다.

여기에서 감정·감응과 죄·복과의 필연적 관계를 혜원은 '감정에 의해 감응하여, 대응이 스스로 온다'라고 하여 중국 전래의 감응사상에 의해 해석하고 있는 것이다. 이처럼 혜원은 둘의 관계에서 감정(情)에 주목하고 있으며 더불어 여기에 중국 전통사상에서 감응론(感應論)을 원용하여 둘의 상관성을 확보하는 것이다.

> 사대의 결합에 의해 신체의 생성이 있게 되며, 신체는 영혼의 거주처로서, 둘 사이에는 주인으로서의 영혼과 손님으로서의 신체라는 관계가 성립한다. 영혼은 대상에 감응(感)하는 감정(情)을 갖는 존재이다. 영혼이 감정을 갖지 않는다면, 신체에도 감각과 지각이 없을 것이므로, 영혼은 외부의 자극에 대해 대응(應)하지 못하는 자연물과 같은 것이 될 것이다. 반면 영혼에 감정이 있다면 그 영혼이 머무는 신

> 체도 지각을 갖게 되어 자극에 반응할 수 있게 된다. 즉 신체와 영혼은 서로 달라서 안과 바깥의 구별이 있다고는 하나 궁극에서는 혼연일체의 관계에 있다.(『明報應論』, 『大正藏』 52, 33c~34a)

다만 혜원의 논변에서 둘의 매개 개념으로 등장하는 감정(情)의 불교 개념사적 위상은 불분명하다. 여기에서 감정은 내용상 대상에 나아가 그것과 관계하는 것으로 설명되고 있다는 점에서 육근(六根), 특히 그 가운데에서도 의(意)에 가장 가까운 듯하다. 그러나 혜원이 이에 대해 얼마나 명확한 이해를 토대로 사용하고 있는지는 확실하지 않다.

아울러 여기에서 혜원이 신체와 영혼의 관계를 일원론적으로 보고 있다는 점 역시 주목된다. 원래 심신에 대한 일원론적 태도는 당시 중국의 전통적 인간관에서 공유되고 있는 일반적 사유로서 불교 비판의 중심적 표적이었다. 그런데 여기에서 혜원의 입장은 오히려 심신일원론에 서있는 것으로 보인다. 이같은 입장은 신불멸의 입장을 취하는 불교 측 일반의 심신론과는 차별되는 것으로 보인다. 즉 그에 있어서는 신멸·신불멸 논쟁 일반에서의 심신에 대한 입장이 역전되어 있다.

이는 아마도 혜원이 응보의 문제를 신체의 토대성이나 업력의 신체적 성격에 주목하여 접근한 결과로 추측된다. 응보의 문제에서 영혼에 주목하게 되면 영혼 스스로 업을 짓고 그 업력을 받는 자기완결적 구조가 되어, 이때 신체는 외재적이고 이차적이어서 심신이원론이 지지되게 된다. 반면 신체에 주목하게 되면 신체의 소멸은 부정할 수 없는 사실이므로, 응보의 주체로서 불멸하는 영혼이 상정되고, 둘의 접점이 요청되어, 궁극적으로는 둘의 일체성, 즉 심신일원론으로 귀결된 것으로 생각되는 것이다.

신체(적 행위)와 윤회응보는 무관한가

고대 중국에는 죽은 사람들의 혼령은 태산(泰山)에 모여 생전에 행한 행위의 선악에 대해 심판을 받는다는 신앙이 있었다. 혜원의 응보론에는 중국적 색체가 강하게 느껴진다. 인간의 탄생, 업보의 인과관계 등을 중국적 자연 개념, 또는 중국적 세계관에 의해 이해하는 그의 태도는 혜원에 있어 '자연(自然)' 개념의 수용에서 명확히 드러난다. 왕필과 곽상 등에 의하면 위진시대의 노장철학에서 '자연'은 인간의 분별지를 초월한 궁극의 실재, 또는 감각이나 지각으로 파악 불가능한 진실재의 작용을 가리키는 개념으로 알려진다. 그런데 혜원이 '감응(感)하여 그러한(然) 것, 이것을 자연(自然)이라 한다'라고 하여, '자연'의 정의에 감정·감응의 개념을 도입한 것은 중국에서 자연 개념의 새로운 전개를 보여주는 것으로서 흥미롭다. 아울러 원래 윤회응보의 이념은 자연계의 물리적 인과 필연성이나 숙명론·운명론은 아니며, 선악 행위의 결과가 그 똑같은 행위의 주체에게 돌아온다는 것을 의미한다. 그러나 혜원은 응보를 물체와 그림자, 소리와 메아리의 관계처럼 필연적 관계로서의 '자연'으로 보며, 이때 '자연'은 운명적임과 동시에 우연적인 것을 의미하는 듯하다.

> 마음의 선악에 죄와 복의 응보를 받는 것은 형상과 소리에 그림자와 메아리가 수반되는 것과 같은 것으로, 근본인 영혼이 감정에 의해 감응하면 그 감응한 결과의 선악에 대하여 응보가 자연히 오는 것이다. 죄와 복의 응보는 오직 영혼이 외부 대상에 대해 감응하는 것에 의하는 것이어서 영혼이 외부 대상에 감응(感)하여 스스로 그렇게 되므로(然) 이것을 자연(自然)이라고 하는 것이다.(『明報應論』, 『大正藏』 52, 33b)

혜원에 의하면 응보가 이루어지는 과정은 '무명과 탐욕·애착이 서로 영혼에 대해 작용함으로써 길흉화복의 삶이 전개 된다'라고 하는 것처럼, 무명에 의해 영혼에 정념이 발생해 외부 대상에 감응하게 되면, 탐애에 의해 사대가 결합하여 신체가 형성되고, 집착과 분별, 애착 및 그에 의한 행위(업)가 이어져, 여기에 인과의 응보가 뒤따르게 된다. 인과응보 법칙은 이와 같이 성립하며 그것은 필연적이다.

> 이렇게 하여 사람들은 모든 대상에 대해 집착하게 되며, 득과 실이 교차하고 화와 복이 발생하며, 그 과정에서 쌓인 악에 대해 하늘의 재앙이 스스로 주어지고 지은 죄에 대해 지옥의 벌이 가해지는 것이다. 이것은 필연의 도리이다.(『明報應論』, 『大正藏』 52, 33c)

윤회응보의 초월이란 무엇인가

한편 불교에서 윤회응보에 대한 교설은 궁극적으로는 윤회응보의 초월을 위한 것이다. 혜원의 경우 윤회응보의 극복 역시 감정(情)의 문제와 관련해 논한다. 그는 다음과 같이 말한다. 우리가 생을 영위하게 되면 영혼은 얽매여 본질이 저해받기 쉬운데, 그것은 생의 과정에서 감정이 수반되기 때문이다. 즉 범부의 경우 감정과 그에 따른 생의 전개는 왜곡된 삶의 전개 원인이며 영혼은 감정의 개입에 의해 드러나지 못하게 된다. 영혼이 얽매인 상태의 삶은 왜곡되고 이러한 과정은 반복된다. 따라서 감정은 영혼을 얽매며 감정이 수반되는 생은 전도된 것이다. 감정이 수반된 생이 소멸되어 얽매임이 없는 영혼은 고요함(冥)을 본질로 하며 이것이 곧 열반이다.

근본으로 돌아가 근원적 진리를 추구하는 사람은 생에 의해 영혼(神)을 얽매지 않으며, 번뇌의 속박을 초연히 떨쳐버린 사람은 감정에 의해 생을 얽매지 않는다. 감정에 의해 생을 얽매지 않으므로 생은 소멸될 수 있으며, 생에 의해 영혼을 얽매지 않으므로 영혼은 고요(冥)해질 수 있다. 고요한 영혼은 대상을 떠난다. 그래서 그것을 가리켜 열반이라고 한다.(『沙門不敬王者論』, 『大正藏』 52, 30c)

혜원에 있어 윤회응보란 현상적 층위에서 보면 인연이 반응하고 융합함으로써 변화와 생멸의 이법이 작동하고, 여기에 윤회와 선·악업의 응보가 뒤따르게 되는 것을 말한다. 그러나 궁극의 관점에서 보면 신체의 발생은 기의 변화이며 자연의 운행이어서 생사는 유무를 초월한 것이다. 또 자연의 운행에 따르면 신체의 생멸취산은 자기와는 관계가 없고, 인생은 꿈속에 잠시 거주하는 것과 같아 유·무의 경계를 초월해있어서 신체에 얽매여 생에 집착하는 것은 부질없다. 혜원에 있어 열반, 즉 윤회응보의 초극은 현상적 층위에서 궁극적 층위로의 실천적 이행을 의미하는 것이었다.

도를 체득한 경지에서의 행위는 세속의 상과 벌을 초월해있다. 나와 너, 생과 사의 상대적 입장을 초월한 도의 경지에 서면 거기에서는 모든 대립이 하나이기 때문에 지(智)와 도(道), 열반과 생사, 자와 타의 대립도 모두 하나가 된다. 참으로 도를 깨달은 사람은 죄와 복의 응보를 초월한다.(『明報應論』, 『大正藏』 52, 33c)

중국전통사상에서 도는 인위성이 초극된 세계이며 이것이 '자연'이다. 여기에서 나의 의지와 노력은 큰 의미를 획득하지 못한다. 반면 불교에서 열반은 나의 의지나 행위와 무관하지 않다. 그것은 무위자연은 아니다. 윤회의 초극과 관련해 혜원에게는 두 가지 상반된 태도가 혼재되어 나타난다. 『명보응론』의 전체적인 맥락과 내용에서 혜원의 신체 및 신체의 토대성에 대한 깊은 관심과 주목의 태도가 확인된다. 즉 그는 단순히 영혼의 절대성·초월성에 의해 윤회응보의 문제를 접근하는 것이 아니라 어디까지나 신체 및 신체에 의한 행위에서 출발하는 것이다. 그가 영혼의 감정(情)을 통한 대상세계에의 접속, 즉 감정(情)과 감응(感)의 개념을 통해 윤회응보의 문제를 접근하는 것도 같은 맥락으로 보인다. 즉 그는 이를 통해 신체의 토대성과 기능성의 정당한 위상을 설정하는 것이며, 이는 그의 현실 중시의 태도로 볼 수 있다.

그러나 다른 한편에서 그에게는 윤회의 극복·초월의 문제에 대해 현실 초월적 관점에서 접근하는 듯한 태도 역시 확인된다. 이는 노장사상을 중심으로 한 중국적 세계관에 바탕을 둔 그의 윤회응보 이해에 원인이 있는 것으로 추측된다. 그는 열반을 무위(無爲)로 해석하기도 한다. 즉 그에게는 실존적 상황에 대한 절박성 내지 현실의 부정성에 대한 치열한 인식보다는 일종의 노장적 낙관주의나 무위자연적 자연주의와 같은 태도도 엿보이는 것이다.

업력은 영혼에 영향력을 가질 수 있는가

윤회응보설의 진실성 문제는 결국 신체적 특성을 갖는 업력이 어떻게 비신체적 영혼에 영향력을 가질 수 있는가라는 문제로 귀결되는 것으로 보인다. 그런데 혜원은 인간 개채의 탄생과 전개를 기본적으로 중국고유의 사유전통에 의해서 이해한다. 여기에서는 기, 도, 변화, 자연, 감응 등의 사상이 원용되며, 그는 심신일원론을 수용한다. 이러한 이해는 그가 기본적으로 윤회응보의 문제를 신체의 토대성, 업력의 신체성에 주목해 이해하고 있는 것으로 볼 수 있다.

아울러 혜원의 인간 이해에는 현상론적 태도와 초월론적 태도가 동시에 확인된다. 전자는 현상계의 진실성 인정에 적극적인 중국적 사유전통이 그 배경으로 추정되며, 후자는 노장적 낙관주의나 무위자연적 초월론의 영향으로 추정된다. 혜원, 나아가 중국불교는 과연 '중국적' 사유를 극복한 것일까?

토론주제

1. 혜원과 환원의 주장을 중심으로 신체와 영혼의 관계에 대해 논의하시오.

2. 업력은 어떻게 영혼에 영향력을 가질 수 있는지 논의하시오.

3. 감정(情)·감응(感)은 신체와 영혼의 관계에서 어떻게 작동하는지 논의하시오.

참고문헌

김성환, 「형신(形神) : 육체와 정신의 관계에 대한 중국철학의 담론 - 발생론과 기능론의 문맥을 중심으로 -」, 『철학연구』 96(대한철학회, 2005).

조윤호, 「정신에 대한 중국불교계의 이해 - 이념과 현실의 이중주 -」, 『범한철학』 61(범한철학회, 2011).

윤회사상은 어떻게 중국화 되었는가

- 윤회 사상 -

불교가 중국에 전래되기 전에는 중국인들 고유의 생사 관념이 존재하고 있었다. 하지만 그들의 생사 관념은 불교에서 말하는 윤회사상과는 본질적으로 달랐다. 따라서 불교의 윤회사상은 그들에게는 낯선 이국의 사상으로서 바로 받아들이기에는 쉽지 않았다. 하지만 중국인들은 대립과 논쟁, 수용과정 등을 거쳐 결국 자기들의 사상으로 발전시켜 나간다. 이는 타민족의 사상이나 종교, 문화들을 받아들이는 과정에 있어서의 전형적인 모습을 보여주고 있는 것이다.

고대 중국인들이 이해한 삶과 죽음이란?

고대 중국인들은 일반적으로 인간은 현생에서 한 번의 삶을 사는 것에 지나지 않으며 그렇기 때문에 다시 이 세상에서의 반복되는 삶을 사는 일은 없다고 보았다. 이러한 사고방식은 대체적으로 죽음에 대한 논의를 의식적으로 기피하는 경향으로 이어지기도 했다. 공자(公子)는, “사람도 제대로 섬기지 못하거늘 어찌 귀신을 섬길 수 있겠는가?”라고 하였고, 또 “삶도 제대로 알지 못하거늘 어찌 죽음을 알겠느냐.”라고도 하였다. 이는 공자가 인간과 그 인간이 살아가는 현실적인 삶 자체에 가치를 부여하는 현세중심적인 사고를 가지고 있었음을 의미한다.

즉 공자는 귀신의 존재나 죽음이라는 형이상학적인 문제에 관심이 있던 제자들의 질문을 일언지하에 평가절하 하였던 것이다. 이는 현세중심적인 사고 경향에서 나온 측면도 있지만 공자 자신도 답하기 어려운 불가지의 영역도 있음을 인정한 것이라고 볼 수 있다.

보통의 평범한 인간이라면 귀신이라는 존재를 볼 수도 없거니와 죽음이라는 경험을 해보지 않는 이상 어찌 공자인들 귀신과 죽음이라는 형이상학적인 질문에 대해 만족스럽게 설명할 수 있었겠는가?

또한 당시는 춘추전국시대로서 세상이 어지럽고 혼란스러운 상황이어서 당장 하루하루 먹고사는 문제에 매달리기도 힘든 시대였다. 이러한 와중에 당장의 현실에 아무 도움이 되지 않는 문제들에 골몰한다는 것은 매우 소모적이고 무익한 것으로 간주할 수밖에 없었을 것이다.

하지만 다른 유형의 불가지 영역인 하늘에 대한 공자의 생각은 달랐다. 공자는 인간이 태어나고 죽는 것에는 정해진 명이 있으며 부귀는 하늘에 달려있다고 하였다. 여기서의 명이란 거부할 수 없는 인간의 정해진 운명을 가리킨다. 즉 부귀를 하늘이 결정하는 것처럼 삶과 죽음도 하늘이 부여하는 피할 수 없는 운명으로 본 것이다.

이러한 운명결정론적인 관점을 지향했던 공자와 달리 천명론 자체를 거부한 사람도 있었다. 인간의 운명에 대한 당시의 시대상을 거부한 묵자(墨子)의 견해는 파격적이다.

> 예부터 지금까지 인간이 나타난 이래로 운명이라는 물건을 보았거나 운명이 내는 소리를 들은 사람이 있었는가? 아직 없었도다.

이와 같이 묵자는 아예 운명이라는 형이상학적 실체 자체를 거부하였다. 이는 공자나 공자 이전에 중국인들의 삶을 지배하던 전통적인 천명사상에 대한 반기이자 정면도전이라고 할 수 있다. 하지만 이것은 묵자의 고뇌어린 사유의 결과이다. 인간 중심적인 사고방식과 현실적인 실용성에 가치를 둔 묵자에게 그저 묵묵히 존재하는 하늘은 자연천 이상의 아무 의미가 없었던 것이다. 오히려 묵자는 운명을 폭군들이 만들어 낸 자기부정의 결과라고 항변하였다.

> (폭군들은) 자신들이 우둔하여 정치를 잘못했기 때문이라고 말하지 않고 반드시 운명 때문에 (나라가) 망하였다고 말했다.

즉 묵자는 나라를 멸망으로 이끈 폭군들은 모두 국가멸망의 원인을 나라를 잘못 다스린 자신들의 능력부족이 아니라, 항상 운명 때문에 어쩔 수 없었다는 운명의 핑계 뒤에 숨었다고 보았던 것이다. 이러한 폭군들의 비열한 자기 부정은 묵자로 하여금 천명을 부정하는 운명부정론의 입장에 서게 하는 또 다른 요인이 되었다고 볼 수 있다.

한나라 대에 이르러 유학이 국가의 중심사상으로 자리 잡게 되자 당시 사람들은 공자와 맹자가 주장했던 천명 중심의 운명론을 기준으로 인간의 생사를 이해하게 되었다.

왕충(王充)은 당시 세상에 유행하고 있던 세 가지 유형의 운명론을 소개하였다. 그 운명에 대한 세 가지 견해란, 첫째는 정명(正命)

이고, 둘째는 수명(隨命)이며, 셋째는 조명(遭命)이다.

정명이란 본래 길하게 태어난 운명으로서 굳이 노력하지 않아도 복을 받게 되는 운명이다. 반면 수명이란 적극적으로 노력해야만 복을 얻을 수 있고 자신의 감정이나 욕망대로 했다가는 흉한 일이나 화가 닥치는 운명이다. 마지막으로 조명이란 아무리 노력하더라도 결과가 좋지 않는 운명으로서, 이러한 운명은 비록 좋은 일을 하더라도 복을 받기는커녕 화만 닥치게 되는 운명이다.

왕충은 이러한 세 가지 운명론 중에서 정명론을 지지하였다. 정명론은 운명결정론에 해당하는 것으로서 왕충은 태어나고 죽는 일이나 장수요절, 빈부귀천은 모두 천명인 하늘의 명에 의해 결정되는 것이라고 보았던 것이다.

한편 서진(西晉) 시대에 이르러 곽상(郭象)도 사물은 모두 먼저 정해진 자신의 운명을 가지고 있다고 하였다. 그래서 그는 운명을 스스로 변화시킬 수 있다고 생각하는 사람은 어리석은 사람이라고 보았다.

곽상에게 있어 천성적으로 부여받은 인간의 본분은 피할 수도 없고 더할 수도 없는 것이다. 따라서 운명이라는 것은 자신이 제어할 수 있는 성질의 것이 아니기 때문에 굳이 힘들여 그것을 바꾸려고 노력할 필요가 없다고 하였다.

이처럼 중국 고대의 생사관은 정명설 즉 운명결정론이나 묵자처럼 그것을 부정하는 운명부정론에 기반하고 있다. 그러나 크게 이러한 상반적인 입장을 가지고 있었음에도 불구하고 이들에게 나타나는 공통적인 인식은 바로 현세 중심적이라는 것이다.

운명론을 인정하든 부정하든 그들은 오로지 현재의 삶만을 긍정할 뿐, 전생이니 내생이니 하는 윤회적 생사 관념을 갖고 있지 않았다. 즉 그들에게 있어서는 현재의 나와 연결되는 과거의 삶이나 미래의 삶은 기본적으로 관심 밖의 문제이자 논의 밖의 대상이었던 것이다.

반면 인과응보에 입각한 불교의 업사상에서는 삼세인과의 윤회전생을 설한다. 즉 과거·현재·미래로 이어지는 삶과 그 과정 속에서 주어지는 인간의 수명이나 화복, 부귀 등은 오로지 자신이 지은 행위의 결과로서 결정된다는 것이다. 이것은 삶의 주체가 바로 자신이고 자신이 바로 윤회의 동력을 제공하는 원인자라고 보았던 것이다.

윤회사상을 처음 접한 중국인들의 반응은?

불교가 중국에 전해지는 과정에 있어 불교의 핵심사상 중 하나인 윤회사상의 전래는 당연한 일이라 할 수 있다. 그리고 역사적 기록으로 살펴 볼 때 윤회사상은 불교의 중국 전래와 그 시기를 거의 같이하고 있음을 알 수 있다.

하지만 이 윤회사상은 초기 중국인들에게는 무척이나 낯선 외래사상에 지나지 않았다. 왜냐하면 고대 중국에서는 그들 특유의 현세 중심적인 사고관이 지배하고 있었기 때문이다. 그리고 이 현세 중심적인 사고관념은 오로지 현세에서의 화복을 중심으로 한 현세 보응 사상에 기반하고 있었다.

『주역(周易)』에서는, "선을 쌓은 집은 반드시 복이 있고 불선을 쌓은 집은 반드시 재앙이 있다."고 하였다. 또한 『상서(尙書)』에서도, "하늘의 도는 선한 자에게는 복을 주고 간사하거나 음탕한 자에게는 화를 내린다."고 하였다. 즉 이들에게 있어 복이나 화는 오직 자신들이 살아 있는 현재의 삶에서 받는 것이라는 인식이 강했던 것이다.

따라서 고유사상에 물들어 있던 이들에게 삼세에 걸쳐 삶은 계속해서 이어진다는 불교의 윤회사상이 그들의 가치관과 대립하고 충돌할 것임은 이미 예견할 수 있는 것이었다. 왜냐하면 우리 인간들은 일반적으로 낯선 것에의 경계심과 배타심이 무척 강하기 때문이다.

후한 시대의 역사를 기술한 『후한기(後漢紀)』에는 불교가 전래될 당시의 윤회사상을 처음 접한 중국인들의 반응이 현실감 있게 묘사되어 있다.

> (불교에서는) 사람이 죽는다고 하여도 정신은 불멸하여 (다음 세상에서) 다시금 육체를 받게 되며, 살아 있을 때 행한 바의 선악에 모두 보응이 있다고 여긴다. 왕공대인이 불교의 사생보응(死生報應) 관념을 만났을 때 화들짝 놀라 망연자실하였다.

여기서의 사생이란 생사의 단어 바뀜에 지나지 않으며 사생은 곧 윤회의 다른 표현이다. 따라서 사생보응이란 바로 불교의 윤회보응설을 말하는 것이다. 이는 불교 전래 초기에 불경을 번역하였던 역경가들이 윤회를 지칭하는 '삼사라'(saṃsāra)를 '사생' 또는 '생사'라는 용어로 번역하였던 것과 맥을 같이 한다. 생과 사의 복합어로서 생사라는 단어는 중국인들에게는 사상적으로 매우 친숙한 말이며, 이러한 생사의 반복은 곧 불교의 윤회를 의미하기 때문이다.

그런데 보다 중요한 것은 전래 초기에 이를 접했던 중국인들의 반응이다. 후한 시대는 불교가 최초로 중국에 전래되었던 시기다.

따라서 당시의 중국인들은 기존에 자신들에게는 존재하지 않았던 윤회관념을 처음 접했을 때 이를 이해하거나 받아들이기 매우 힘들었을 것이다. 오죽하면 화들짝 놀라고 망연자실하였다고 표현했겠는가?

이는 곧 윤회사상이 매우 낯설고 생소하다는 의미의 표현임과 동시에 자신들의 관념으로는 도저히 수용하기 힘들다는 뜻으로도 받아들일 수 있는 것이다. 왜냐하면 고대 중국인들의 사유와 사상 속에는 나라는 존재가 계속해서 태어나고 죽는다고 하는 윤회관념이 없었기 때문이다.

하지만 이후 윤회사상을 담고 있는 많은 불교경전들이 번역되어 감에 따라 윤회라는 관념은 점점 중국인들의 사유와 삶속으로 스며들어가기 시작하였다. 삼국시대에 이르러서는 지겸(支謙)이 번역한 『법구경』에 윤회사상이 들어있음을 알 수 있다.

『법구경』에서는, 이 신체는 비록 죽는 존재이지만, 정신은 형체를 가진 존재가 아니어서 비록 신체가 죽더라도 다시 살아난다고 하였다. 또한 지겸의 또 다른 경전인 『태자서응본기경』에서는 부처님이 자신의 전생을 예로 들어 윤회사상을 설하고 있다.

> 내가 스스로 과거의 전생을 생각해보니 무수한 겁의 세월동안 본래 범부였었다. 처음 불도를 구하기 시작한 이래로 정신이 육체를 받으며 5도를 두루 편력하였다. 한 육체가 죽어서 무너지면 다시금 다른 한 몸을 받게 되어 생사가 무량하였다.

여기서의 정신이란 일반적으로 우리들의 마음에 해당하는 것이다. 이는 불교 용어를 중국화해서 이해한 격의불교의 전통에 따른 표현 방식이다. 그러나 5세기 이후에는 심, 의, 식이란 표현으로 대체되었으며, 이 중에서도 식이란 용어가 가장 폭넓게 통용되었다. 그리고 초기불교에 해당하는 『아함경』에서는 이 식이 윤회의 주체로 설정되기도 하였다.

현존하는 자료들을 살펴 볼 때 윤회라는 용어는 도안(道安, 312~385)이 가장 먼저 사용한 것으로 보인다. 즉 우리가 흔히 사용하고 있는 윤회라는 용어는 4세기 중반 이후에 정립되었다는 것을 알 수 있는 것이다.

도안은 그가 저술한 『인본욕생경주』에서, "어리석은 사람들은 지금 세상이나 다음 세상에 대해 잘 알지 못하기 때문에 수레가 굴러가는 것처럼 3세에 끌려 다니므로 윤회를 알게 함으로써 4제를 깨닫게 해야 한다."고 했다.

즉 도안은 사람들이 전세에서 현세로 또 현세에서 후세로 계속해서 생을 달리하여 살아가는 것을 윤회라는 말로 표현하였던 것이다. 이를 계기로 이후에 번역된 다양한 경전들에서는 삼사라의 역어로서 윤회라는 용어가 정착되었던 것으로 보인다.

5세기 초에 이르러 번역된 『대반열반경』에는, "생사라는 감옥을 윤회한다."는 표현이 있고, 『달마다라선경』에서도, "지독한 고통의 바다를 윤회한다."고 하였다. 또 5세기 중엽의 『잡아함경』에서도 윤회라는 용어는 자주 등장하고 있다.

> 오랫동안 생사에 머물면서도 윤회가 그치는 것을 기약할 수 없다.
> 긴 밤을 근심과 고뇌로 시달리는 것이 마치 재물을 잃은 상인과 같다.
> 나는 이제 온갖 좋은 일들이 쌓여 다시는 태어나고 늙어 죽는 일이 없다. 윤회가 이미 다 끊어져 두 번 다시는 생을 받지 않으리라.

이와 같이 4세기에서 5세기에 이르면 윤회라는 용어도 완전히 정립되었으며, 이를 통해 윤회사상은 중국인들의 삶에 동화되어 갈 에너지를 비축해 나갔던 것이다.

윤회의 주체는 존재하는가?

고대의 고유한 사상으로부터 출발하여 춘추전국 시대의 제자백가 사상을 이어 받은 중국인들의 삶과 가치관을 근본적으로 뒤흔든 사상은 불교의 윤회사상이다. 그렇다고 중국사상에 사후 영혼 관념까지 아예 없었던 것은 아니다.

영혼이라는 명칭은 서주시대에 이미 신이나 귀 등으로 불렸고, 춘추시대에는 백(魄)이나 혼(魂)으로 불렸다. 그리고 이후에는 이러한 말들이 독립적으로 사용되거나 또는 서로 혼합되어 귀신, 혼백, 혼신 등의 합성어의 형태로 나타나게 되었다. 그러나 이들이 이해한 영혼은 사후에는 하늘이나 땅으로 돌아가거나 오랜 시간이 지나면 그 기운이 점점 약해져서 소멸되어 버린다고 여겼다.

그렇다고 모든 중국인들이 다 영혼의 존재를 인정한 것도 아니다. 왜냐하면 한 나라를 지배하는 어떠한 사상이나 종교, 이데올로기라고 해도 모든 사람들이 다 그것을 받아들이고 수용하는 것은 아니기 때문이다. 즉 영혼이나 신의 존재 유무에 따른 유신론적인 관점과 무신론적인 관점은 개개인 고유의 권한과 믿음의 영역에 해당하는 것이다.

그렇기 때문에 중국인들은 항상 죽음이라는 것을 의식하고 있으면서도 죽음 이후의 세계인 내세에 대한 구체적인 도면과 확실한 믿음을 갖고 있지는 못했다. 따라서 그들에게 있어 불교의 윤회사상은 그들이 곧바로 받아들이기에는 분명 정서적, 사상적 한계가 있었던 것이 사실이다.

그리고 이러한 정서적, 사상적 한계는 인간 정신의 유무에 대한 사상논쟁으로 이어졌다. 즉 윤회의 주체로서 우리의 정신은 육체의 죽음과 함께 소멸해서 사라지는 것인가, 아니면 육체는 소멸되더라도 정신은 사라지지 않는가에 대한 논쟁이 바로 그것이다.

『태자서응본기경』에는 불교의 정신불멸 사상이 명확하게 드러나 있다.

> (부처인) 내가 죽은 자를 보니 형체는 무너지고 변화하지만 정신은 불멸하여 선악을 행한 바에 따라 죄와 복이 저절로 따라온다.

이와 같은 사상에 입각하여서 일찍이 불교를 받아들인 사람들은 육체는 죽더라도 정신은 사라지지 않는다고 주장함으로써 윤회를 인정하는 입장을 대변하였다. 또한 모융(牟融)이 저술한 『모자이혹론』은 현존하는 문헌들 가운데 신불멸 사상을 최초로 기술하고 있는 것으로 평가받고 있다.

> 혼신은 본래 불멸하고 신체만 썩어서 사라질 뿐이다. 비유하자면 신체는 오곡의 뿌리나 잎과 같고 혼신은 오곡의 씨앗과 같은 것이다. 뿌리와 잎은 생하고 나면 반드시 시들어 죽어버리지만 씨앗에는 어찌 끝이 있겠는가?

이는 흔히 우리가 식물들의 생명법칙에서 볼 수 있듯이 사람의 육체와 정신을 오곡에 비유하여 설명한 것이다. 보통 1년생이 대부분인 곡식의 뿌리와 잎은 가을이 오면 시들고 겨울이 되면 죽어 사라져 버리지만 그 열매는 살아남아 다음 생을 준비하는 것처럼, 우리의 육체와 정신도 그와 같은 이치로 이해할 수 있다는 것이다.

하지만 사람이 죽으면 정신도 따라 소멸해버린다고 주장했던 신멸론자들의 생각은 달랐다. 그들은 불이 나무에서 타고 있는 것과 같이 육체가 생겨나면 정신도 같이 존재하지만 육체가 사라지면 정신도 반드시 소멸된다고 보았다.

이러한 주장에 대해 혜원(慧遠)은 오히려 이를 정신의 불멸과 윤회를 정당화하는 논리적 근거로 사용하였다.

> 실제로 불이 나무에 전해지는 것은 마치 정신이 육체에 전해지는 것과 같고, 불이 다른 나무에 전해지는 것은 정신이 다른 육체에 전해지는 것과 같다. 처음의 나무는 다음의 나무가 아니므로 손으로 나무를 (계속해서) 태워나가는 기술의 오묘함을 알 수 있는 것이다.

이는 곧 나무가 불타고 있는 상황을 다른 관점에서 바라 본 것임을 알 수 있다. 신멸론자들은 현재 불타고 있는 나무가 다 타버리면 반드시 불은 꺼질 수밖에 없다는 입장을 드러낸 것이다. 그러나 혜원은 현재 타고 있는 나무는 사람의 손으로 다른 나무를 넣을 수 있으며 그렇게 되면 처음의 나무가 다 타버리더라도 새로운 나무에 의해 불은 계속해서 존재할 수 있다고 본 것이다.

그렇지만 이 나무와 불의 비유만을 통해 정신이란 존재의 유무를 판단할 수는 없다. 왜냐하면 신멸론자들은 혜원처럼 사람의 손이라는 제 3자의 개입을 전제하지 않았기 때문이다. 그리고 중국 고유의 생사관에서도 영혼의 윤회를 주관하는 그 어떤 존재도 인정하지 않았다. 반면 혜원은 불이 꺼지지 않도록 계속 나무를 집어넣는 사람의 손을 자작자수의 업설에 기초하여 이해하였을 따름이다.

이에 대해 하승천(何承天)은, "생명에는 반드시 죽음이 있어 육체는 훼손되고 정신은 흩어진다. 이것은 봄에는 만물이 소생하고 가을에는 쇄락하여 사계절이 반복되는 것과 같다. 어찌 다시 육체를 받는 일이 있을 수 있겠는가?"라고 반문하였다.

즉 하승천은 다음 봄에 소생하는 만물들은 이전 봄의 생명들과는 전혀 다른 별개의 생명체로 이해하였다. 이는 계절의 반복에 따라 생명체들의 반복 현상이 나타나는 것은 사실이지만 그 생명체들 간의 동일성은 전혀 담보할 수 없다는 것이 그의 주장인 것이다.

이에 대해 혜원의 제자인 종병(宗炳)은, 정신은 육체의 훼손이나 쇠락에 영향을 받지 않는 존재라고 주장하였다.

> 만약 육체가 생기면 곧 정신도 생겨나고 육체가 죽으면 곧 정신도 죽는 것이라고 한다면, 마땅히 육체가 해를 입으면 정신도 손상되고 육체가 병들면 정신도 곤궁하게 되어야 한다. (하지만 그렇지 않다)

즉 종병은 정신의 생멸법칙은 육체에 영향을 받지 않으므로 육체의 훼손이나 죽음과는 상관없는 존재로 보았던 것이다. 그러나 종병 사후 2년이 지나 태어난 범진(范縝)은 불교의 삼세보응설과 신불멸설을 부정하고 정신의 소멸을 주장하였다. 그는 기본적으로 유물론과 무신론에 입각하여 육체와 정신은 같은 것이라는 형신일원론의 입장에 섰다.

> 정신은 곧 육체이고 육체는 곧 정신이다. 그렇기 때문에 육체가

존재하면 곧 정신도 존재하고 육체가 사라지면 곧 정신도 소멸한다.

> 날카로움을 버리고서는 칼도 없을 것이고 칼을 버리고서는 날카로움도 없을 것이다. 칼이 없는데 날카로움은 여전히 존재한다는 말은 들어본 적이 없다. 그러니 어찌 육체가 사라졌는데 정신은 존재할 수 있겠는가?

범진에 의하면 육체는 곧 정신이다. 그렇기 때문에 육체의 소멸은 곧 정신의 소멸로 이어지는 것이다. 칼이라는 것은 곧 그 칼날의 날카로움을 기본 속성으로 지지고 있는 것으로서 칼과 그 칼의 날카로움은 분리불가분의 관계이다.

그러므로 칼이 사라지면 칼의 날카로움은 사라지는 것이 당연한 것이다. 이렇듯 정신의 소멸을 주장하는 자들과 불소멸을 주장하는 자들은 다양한 비유를 바탕으로 자신들의 입장을 대변하였다.

하지만 이러한 비유들은 때로는 억지스러움을 내포하고 있을 때도 있고 때로는 사물이나 현상의 단편적인 측면만을 부각시킨 경우에 지나지 않은 경우도 많다. 그럼에도 불구하고 영혼의 존재를 현실적으로 증명하거나 부정할 수 없는 그들의 입장에서는 이러한 비유들만이 자신들의 논리를 증명할 최선의 도구였을 것이다.

인간이 살아 있는 동안 분명 육체와 정신은 상호의존적이다. 육체 없는 정신은 존재 기반이 없어 우리가 그 존재 유무를 인식할 수 없고, 정신없는 육체는 곧 시체나 다름없다. 곧 이 둘은 서로가 서로를 유지케 하는 존재 기반이 되고 있는 것이다.

그렇지만 죽음이후 정신의 존재 유무는 또 다른 차원의 문제이다. 즉 육체가 소멸되어도 정신은 다른 형태로의 존재 가능성을 주장할 수 있기 때문이다. 현대의 정신의학계에서 완전히 인정한 것은 아니지만 유체이탈 현상은 이를 뒷받침할 수도 있을 것이다.

의학적으로 사망선고를 받은 사람이 다시 살아난 경우나 큰 육체적 충격을 받은 경우에 유체이탈을 경험한 사람들의 이야기를 들어보면 인간의 정신은 분명 육체와 분리되는 존재임에 틀림없다. 그리고 영혼의 실재를 믿는 사람들은 이것을 영혼을 증명하는 증거로서 받아들이고 있는 것이다.

이와 같이 전개된 신멸, 신불멸 논쟁은 바로 윤회의 인정 여부와 직결된 문제였다. 하지만 실질적으로는 불교를 옹호하고자 하는 호불론자들과 이를 견제, 배격하려는 배불론자들의 현실적인 이해관계가 걸려 있던 문제이기도 하였다.

왜냐하면 중국의 고유사상 특히 유가(儒家) 사상을 중시한 배불론자들의 입장에서는 효와 덕, 또는 충을 중심으로 한 현세 중심적인 질서체계와 가치관을 결코 버릴 수가 없는 문제였기 때문이다.

즉 그들에게 있어 이 논쟁에서의 패배는 전통사상의 몰락으로 바라볼 수밖에 없었던 것이다. 그렇기 때문에 그들은 정신이 소멸된다는 논증을 통해 불교의 윤회사상을 철저히 부정하고자 하였던 것이다.

윤회사상이 중국화 될 수 있었던 최고의 비결은?

종교의 발전 과정상에 있어 종교가 발생한 다음 그 체계를 갖추고 발전해 나감에 있어 위경 혹은 위서의 출현은 보편적인 현상이었다. 기독교의 역사를 살펴보더라도 성서 편집과정에서의 진경과 위경문제가 발생하였고, 그 논란은 현대에 이르러서도 완전히 사라지지 않고 있는 것이 사실이다.

중국에서도 유, 불, 도 3교의 핵심적인 저작들에 관한 위경, 위서가 끊임없이 출현하였고 또한 시대의 논란이 되었다.

도안(道安)의 『종리중경목록』을 기반으로 하여 편찬된 양나라 승우의 『출삼장기집』에는 「신집안공의경록」이 수록되어 있다. 이것은 도안이 작성한 중국불교 최초의 불교의 위경 또는 의경에 대한 목록으로서 26부 30권에 해당한다.

승우(僧祐)는 다시 도안 이후의 새로이 의심되는 경들을 첨가하여 「신집의경위찬잡록」을 만들었는데, 이는 총 46부 56권에 이른다. 그리고 그 이후로도 중국에서는 끊임없이 이러한 위경들이 창작되기에 이른다. 물론 정확히 말하자면 위경과 의경은 다른 말이다. 위경이란 확실하게 조작되거나 창작된 경전을 일컫는 말이고, 의경이란 진경인지 아닌지 의심이 되는 경전을 뜻하는 말이다.

하지만 불교사에 있어 위경이라고 해서 그 존재가치가 전혀 없거나 무시해 버릴 수 없는 것은 아니다. 왜냐하면 위경이라고 할지라도 철저히 불교사상의 기반위에서 만들어진 것이고 그 경전들은 진위여부를 떠나 고래로 중국인들의 삶속에 상당한 영향을 끼쳐왔기 때문이다. 따라서 여기서는 중국에서 찬술된 것으로 보이는 몇몇 경전들을 중심으로 업과 윤회사상을 살펴보기로 한다.

가장 먼저 소개할 경전은 『능엄경』이다. 『능엄경』은 『대불정수능엄경』이라고도 하며, 총 10권으로 구성되어 있다. 이 경에서는 자신이 지은 업의 비율에 따라 총 7단계의 세계로 나아가는 윤회사상이 들어 있는데, 여기서는 업의 종류를 내분(內分)과 외분(外分)으로 구분하고 있다.

여기서 말하는 내분이란 중생들의 몸 안에 존재하는 여러 종류의 액체들을 말한다. 인간들은 모두 삶에 대한 애착과 번뇌로 인해서 허망한 감정이 일어나고 그 감정이 쌓여 그치지 않으면 이 애수(愛水)를 만들어 낸다고 하였다.

그리고 외분이란 중생들의 몸 바깥에 존재하는 수승한 기운을 말한다. 이 수승한 기운이란 올바른 삶에 대한 갈망과 그 갈망에의 추구로 인해서 생기는 밝고 텅 빈 마음[明虛想]이며, 이 마음이 점점 쌓일 때 나타나는 외부의 기운이다. 이 내분과 외분의 비율에 따라 태어나는 7단계의 세계는 다음과 같다.

> 첫째, 외분이 100퍼센트인 사람은 천상에 태어난다. 그 가운데서도 지혜와 복을 겸비하고 청정한 서원을 지닌 사람은 시방세계의 부처를 보게 되어 일체 정토에 원하는 대로 태어나게 된다.
> 둘째, 내분이 적고 외분이 많은 사람은 날아다니는 신선이 된다.
> 셋째, 내분과 외분의 비율이 동일하면 인간계에 태어난다.
> 넷째, 내분이 6이고, 외분이 4이면 축생계에 태어난다.
> 다섯째, 내분이 7이고, 외분이 3이면 아귀계에 태어난다.
> 여섯째, 내분이 9이고, 외분이 1이면 지옥에 태어난다.
> 일곱째, 내분이 100퍼센트인 사람은 아비지옥에 태어난다.

이와 같이 『능엄경』에서는 중생들의 업에 따라 크게는 천상, 신선, 인간, 축생, 아귀, 지옥, 아비지옥이라는 7단계의 세계를 윤회하게 된다고 설하고 있다. 그런데 이 경에서의 특이한 점은 내분이 적고 외분이 많은 사람은 날아다니는 신선이 된다는 사상이다.

이 신선사상은 도교의 고유한 사상으로서 이는 이 경전이 도교의 영향을 받아 찬술되었다는 것을 알 수 있다. 즉 신선사상과의 결합은 불교가 중국화 되는 과정에서 중국고유 사상과의 조화를 도모하고 있다는 것을 의미하는 것이다.

다음으로 『부모은중경』은 부모에 대한 효를 강조함으로써 윤회사상을 설하고 있는 경전이다. 이 경에서는 부모님의 은혜는 지극히 커서 부모님을 양쪽 어깨로 받들고 수미산을 백천 번 돌아도 그 은혜를 다 갚지 못한다고 설하고 있다. 그렇기 때문에 이러한 부모님의 은혜를 모르고 불효를 저지르는 자들은 아비무간지옥에 떨어지게 된다고 하였다.

아비무간지옥은 지옥 중에서도 가장 혹독한 지옥으로서 가장 큰 죄를 지은 자들이 가는 지옥이다. 일반적으로 불교에서 말하는 최고의 죄악은 불,법,승 3보를 비방하고 정법인 불법을 믿지 않는 것이다. 그런데 이 경에서는 부모님에 대한 불효를 최고의 죄악으로 간주하고 있는 것으로 효사상은 중국역사를 관통하는 유교의 전통 핵심사상인 것이다.

『불설예수시왕생칠경』에서는 사람이 죽으면 열 곳의 명부세계를 지나게 되는데. 이들은 각 세계의 왕들에게 자신이 지은 업에 따라 심판을 받고 다시 태어난다고 말한다.

이들이 심판을 받는 횟수는 총 10번인데 처음 매 7일마다 7번의 심판을 받고 이후 100일, 1년, 3년째에 심판을 받는다고 한다. 그런데 중생들이 살아있을 때 이 시왕에게 기원하면 죽어서 명부에 도착하는 날 바로 안락한 세계에 태어난다고 한다.

또한 일반 중생들은 3년째에 마지막 심판을 받아 다시 태어나게 되는데, 이는 『논어』에 나오는 유교의 3년상과 관련된 사상이라고 할 수 있다. 그리고 이 시왕사상은 불교의 염라대왕 사상과 도교의 태산부군 사상과도 결합된 것이다. 즉 도교에서는 절대자인 천제(天帝) 즉 옥황상제에 예속되어 인간의 수명과 길흉화복을 관장하는 지하명부의 태산부군(泰山府君)이 신앙의 대상이었다.

따라서 남북조시대에 이르면 이 두 사상이 결합되어 염라대왕이 지옥의 천자로서 인간의 수명을 관장한다는 신앙이 생겨나게 되었으며, 이것이 당대(唐代)가 되면 염라대왕은 태산부군을 판관으로 거느리고 지옥을 주재한다는 믿음으로 발전하게 되었다.

『우란분경』은 대장경에 포함되어는 있지만 내용상 중국에서 찬술된 경전으로 판단되는데, 이 경전에는 효사상과 복전사상이 잘 나타나 있다.

> 7월 15일에 현재의 부모님과 과거 7생의 부모님을 위해서 우란분에 여러 가지 음식을 가득 담아서 승려에게 공양하고 축원해줄 것을 빌면, 현재의 부모는 수명이 100세가 되고 병이 없을 것이며 모든 고통과 근심이 사라질 것이다. 또한 과거 7생의 부모님도 아귀의 고통에서 벗어나 하늘 세계나 인간 세계에 태어나는데, 그 복과 즐거움이 다함이 없을 것이다.

이는 불교의 공양사상이 부모님의 무병장수를 바라는 효사상, 그리고 그로인해 조상들이 좋은 곳에 태어날 수 있다는 윤회사상이 결합된 것이다. 또한 그러한 공양의 공덕으로 인해 윗 조상들이 내세에는 좋은 곳에 태어나 복을 받을 수 있다는 복전사상이 잘 드러나 있다.

우란분이란 '거꾸로 매달리는 고통'이라는 뜻으로 우란분재는 부처님께 음식을 공양해 죽은 영혼을 위로하는 불교의 의식이다. 이 우란분재가 중국에서는 도교나 민간신앙 등과 결합되어 중원절(中元節) 행사의 형태로 전해지고 있는 것이다. 중원절이란 지옥을 다스리며 죄를 심판하는 지관(地官)의 생일인 음력 7월 15일에 죽은 영혼들의 죄를 용서해 달라는 의미로 지관에게 드리는 공양행사를 가리킨다. 이는 곧 도교의 중원절과 지관사상에서 비롯된 민간신앙이 불교의 지옥사상과 결합한 것이다.

이와 같이 중국에서 찬술된 경전들 중에는 중국 고유의 사상들과 습합을 통해 이루어진 것들이 많음을 알 수 있다. 불교의 전통적인 윤회사상은 분명 중국인들에게는 낯선 외래사상이었음에 틀림없다.

따라서 위경을 통한 중국 고유 사상과의 습합은 외래 사상으로서의 불교에 대한 거부감이나 이질감을 극복하게 하는 하나의 방편이었던 것이다. 이러한 과정을 통해 불교의 윤회사상은 중국인들의 삶 속으로 자연스럽게 동화되어 갈 수 있었던 것이다.

토론주제

1. 윤회사상의 전래 이후 당시 중국에서는 윤회의 주체와 가능성을 둘러싼 논쟁이 치열했다. 과연 우리의 신체 구조 중에 윤회의 주체는 존재하는가?

2. 첨단 과학이 지배하는 오늘날에도 우리는 윤회를 받아들일 수 있을까?

3. 윤회사상이 21세기를 살아가는 우리들에게 긍정적으로 작용할 수 있는 부분은 무엇일까?

참고문헌

오형근, 『불교의 영혼과 윤회관』, 도서출판 새터, 1995.

정승석, 『윤회의 자아와 무아』, 장경각, 1999.

『동아시아의 생사관』, 전남대학교출판부, 2009.

효도란 무엇인가

- 효(孝)사상과 불교 -

효도의 의미

효도(孝道)의 사전적 의미는 부모를 정성을 다해 섬기는 일 또는 그러한 도리이다. 효도의 기원은 짧게 잡더라도 지금으로부터 대략 2천 5백여 년 이전으로까지 거슬러 올라가며 그만큼 오랜 시간 동안 오늘에 이르기까지 동아시아 문화에서 항상 지속되어 왔다. 그래서 우리는 효도라는 말을 들었을 때 별다른 거부감 없이 친숙하게 느끼기 마련이다. 그런데 지나온 역사가 긴만큼 삶의 모습들도 변해왔고 또 효도가 단지 어떤 생각이기만 한 것이 아니라 현실에서 구체적인 행위로 실현되는 것이기 때문에 효도의 구체적인 모습들은 분명히 다양한 형태일 것이다.

따라서 효도를 단지 문자적인 의미로서가 아니라 구체적인 내용까지 포함해서 이해하려고 하면 효도라는 말에 우리가 느끼는 친숙함과는 별도로 의외로 간단하지가 않다는 것을 느끼게 된다. 부모를 정성을 다해 섬긴다는 것은 구체적으로 무엇인가 즉 어떻게 하는 것인가라고 스스로에게 묻는다면 명확한 답변이 떠오르는가? 더욱이 오늘날은 근대화의 격동기를 거치며 가족의 형태도, 가족 관념도 변화를 겪어왔기 때문에 가족 관계를 유지하는 구심점 역할을 했던 효도의 의미에 대해서도 성찰해 볼 필요성이 있어 보인다.

동아시아불교의 궤적을 돌이켜보면 효도의 의미에 대한 성찰에 도움을 줄 만한 논의들이 있었다. 바로 출가는 효도에 위배되는가 아닌가에 대한 논란이었다. 그 논의들을 참고한다면 자칫 막연한 감상적 차원에 빠지지 않고 보다 진전된 체계적 성찰을 함으로써 효도의 의미에 대한 명료한 이해 혹은 오늘날에 적합한 새로운 효도관의 정립을 기대할 수 있을 것이다.

우선, 효도의 기본적인 의미부터 살펴보자. 우리에게 효도의 의미를 알려주는 대표적인 책이 있다. 효도가 무엇인지에 대한 전통적으로 가장 권위가 있었던 책으로서 『효경(孝經)』이라는 이름의 책이다. 이 책에서는 효도를 다음과 같이 설명하고 있다.

> 사람의 신체는 머리털과 피부까지도 부모에게서 받은 것이어서 함부로 훼손하지 않는 일이야말로 효도의 시작이다. 자신을 세워 도를 실천해서 이름을 후세에까지 드날림으로써 부모를 드러내는 것이 효도의 끝맺음이다. 효도란 부모를 섬기는 데서 시작하여 다음으로는 임금을 섬기고, 자신을 세우는 데서 끝난다.
>
> 身體髮膚. 受之父母. 不敢毁傷. 孝之始也. 立身行道. 揚名於
> 後世. 以顯父母. 孝之終也. 夫孝始於事親. 中於事君. 終於立身.

이에 따르면, 효도는 단순히 부모를 정성스럽게 섬기는 일만을 의미하지 않는다. 부모를 섬기는 일은 효도의 시작 정도이며, 임금 즉 국가의 통치자에게 봉사함으로써 결국 자신을 바로 세워 후세에 이름을 남기는 일까지 완수하는 것이 바로 효도다.

임금에게 봉사한다는 것을 나타내는 다른 표현으로서 충성(忠誠)이라는 말이 있으며, 이것은 가족의 테두리를 넘어서 사회 혹은 국가라는 영역에서 요구하는 그런 마음가짐을 의미한다. 효도와 충성의 개념적 관계를 굳이 따진다면 효도가 충성보다 포괄적이라고 할 수 있지만, 본질적인 의미에서 두 가지의 성질은 동일하며 같은 것의 다른 표현 정도로 이해할 수 있다. 다만, 일상적으로는 효도를 부모에 대한 것으로만 이해하는 경향이 있을 뿐이다. 특히 오늘날과 같은 민주주의 국가에서 과거와 같은 임금은 존재하지 않기 때문에 임금과 부모를 동일시하는 관념도 존재하지 않으며, 따라서 효도와 충성을 별개의 것으로 구별해서 인식하는 경향이 더욱더 두드러지는 것이다.

그런데 효도의 마지막에 해당하는 일 즉 자신을 세우는 일이란 무엇을 말하는 것일까? 우선 효도의 구체적인 내용이 무엇인지에서 부터 따져보면, 효도의 구체적인 내용으로서 자신의 신체를 함부로 손상하지 않는 일을 말하고 있다. 이 말에는 자신의 신체는 부모에게서 받은 것이므로 자신은 부모의 일부분이며 자신을 손상하는 것은 곧 부모를 해치는 것이라는 의미가 담겨있다. 따라서 자신의 머리카락 한 올까지도 함부로 손상하지 말아야한다는 것이다. 그리고 후세에 이름을 남길 정도로 자신을 세워 도를 실천해야 한다고 말하고 있다.

한편, 여기서 도를 실천한다는 말은 도(道)라는 말이 매우 다양하게 사용되기 때문에 그 의미를 이해하기 어려울 수 있지만, 문맥상 사회적 이익을 가져다주는 어떤 일을 한다는 정도의 의미로 해석할 수 있다. 요컨대 자신을 세운다는 것은 도(道) 즉 공적인 이익을 가져다줄만한 그러한 일을 실천할 수 있도록 사회적인 지위, 권력, 영향력을 가진다는 의미인 것이다. 이것은 일반적으로 말하는 입신양명 즉 출세해서 유명해진다는 것을 의미한다. 다시 말해 효도란 가정의 테두리 안에서 부모를 봉양하는 것만을 의미하지는 않았다. 사회 속에서 자신의 가치를 실현하는 일 또한 효도의 중요한 한 부분을 구성하는 것이었다.

출세와 출가

출세(出世)란 세상 즉 사회로 나아가다라는 말인데 이 말이 우리에게 주는 인상은 어떠한가? "누구누구는 출세했네"라는 말처럼 출세 자체가 동경과 선망의 대상이기도 하고, "억울하면 출세해라"는 말에서처럼 사회 속에서 개인적으로 당할 수 있는 부당한 일을 해결할 방법으로서 사회적 지위와 권력의 획득을 의미하기도 한다. 이러한 의미에서의 출세는 개인적 영광이나 성공 등의 인상이 강한 표현이다.

그러나 입신양명에서 본래 나타내고자 했던 의미는 공공의 이익을 실현한다는 의미로 보아야 할 것이다. 개인적 이익을 추구하는 일은 가령 후세에 이름을 남긴다고 하더라도 사람들에게 긍정적인 평가를 받기보다는 오히려 악명을 떨치게 될 여지가 많지 않겠는가? 후세에 악명을 남기는 것은 부모 또한 명예롭지 못하게 하는 행위일 것이다. 그러므로 부모를 명예롭게 할 수 있도록 이름을 남긴다는 것은 사적인 이익 추구가 아니라 공적인 이익 실현을 통해 사회적 발전에 기여한다는 의미로 이해하는 것이 타당하다.

이와 같이 출세하는 일 즉 입신양명의 의미가 사적이면서도 공적인 가치 실현을 동시에 함축하고 있기 때문에 실제로는 두 가지가 충돌하는 일이 발생할 수 있다. 우리 사회의 병폐로 알려져 있듯이 혈연, 학연, 지연에 얽매여 공공기관 등에서 종종 벌어지는 불법 혹은 편법적인 입사비리 등을 한 가지 예시로 제시할 수 있다. 더욱이 아는 사람 운운하며 인맥을 활용해서 타인과의 경쟁에서 이기려고 하는 경우들이 바로 우리 주변에서 발생하고 있지는 않은가? 효도하기 위한 방법으로서 출세라는 말의 본래 의미는 공감할 수 있더라도 현실적으로는 출세의 정당성에 대해 우리는 고민하지 않을 수 없게 된다. 즉 출세 자체가 목적이 되어버릴 수도 있고, 출세한 후 자신의 행위가 어떠해야하는지 또한 여러 갈등을 유발할 여지가 있는 것이다. 다만, 이 고민의 본질은 어디까지나 사회적 관계 속에서 우선적으로 추구하는 가치가 무엇이냐에 대한 물음일 것이다.

한편, 출세와 비슷해 보이지만 의미가 다른 말이 있다. 출가(出家)라는 말이다. 출가는 집을 나간다는 뜻이다. 집을 나간다는 것은 혈연적 관계에 대한 단절을 의미한다. 인간관계의 가장 기초가 되는 혈연관계에 대한 부정을 의미하는 출가는 곧이어 학연이나 지연 등의 일반적인 사회적 관계에 대한 부정으로 연결된다. 즉 출세와는 다르게 사회적 관계 안에서 추구할 가치가 무엇인가의 문제가 아니고, 사회적 관계 자체에 대한 부정인 것이다. 이는 인간의 삶의 가치나 의미의 실현은 자기 자신 혹은 그와 동일한 것으로 간주되는 가정으로부터 출발해서 사회로 확장한다는 사고방식으로 구성된 효도 사상을 정면으로 부정하는 것처럼 보인다.

그런데 효도에서 중요한 한 부분을 차지하는 출세와 사회적 관계를 부정하는 출가는 전혀 다르기만 한 것일까? 사회적 관계에 대한 긍정과 부정이라는 점에서는 분명히 다르다. 다만, 사회적 관계의 긍정이 오히려 출세의 본래 목적인 효도에 위배할 소지가 있다는 점은 출세 자체에 대한 회의가 들게 할 수 있다. 가령 사회적 관계를 편의상 사적인 관계와 공적인 관계로 구분해 보면, 공적인 관계에 의의를 두고 행위 해야 입신양명의 본래 의미에 충실한 것일 테지만, 현실적으로는 어렵기도 하고 또 그로 인해 가족 사이가 소원해질 수도 있기 때문이다. 친척 중에 고위공직자가 있을 경우 사적으로 전혀 아무런 기대도 하지 않을 수 있는 사람이 얼마나 되겠는가? 그럼에도 불구하고 그 고위공직자가 어쩌면 당연한 일이지만 공적인 이익만을 위해 본분에 충실한다면 이 경우 사회적 관계에 대해 전면적으로 긍정한다고만 이해할 수는 없다. 사적인 관계가 부정될 수 있기 때문이다. 따라서 출세와 출가는 기본적인 의미에서는 다르지만, 둘 사이의 경계가 허물어질 여지는 있어 보인다.

무엇보다 본질적인 의미에서 출세의 목적은 효도이다. 따라서 어떻게 행위 하는 것이 타당한지에 대해서는 그 목적을 기준으로 삼아서 판단해야 할 것이다. 마찬가지로 출세와 출가는 어떤 차이가 있는지 다시 말해 출가는 효도를 부정하는 것인지에 대해서 판단하려면 출가의 목적이 무엇인지에 대한 이해가 필요할 것이다.

출가의 목적

자신이 태어나서 성장한 가정을 벗어난다는 것에 대해 생각해본 적이 있는가? 물론 가정이란 반드시 혈연관계로 구성된 집단만을 의미하는 것이 아니라 자신이 성장해온 환경, 그 환경 속에서 공존함으로써 유대감을 형성했던 구성원들 즉 넓은 의미의 가족 집단을 뜻한다. 아무튼, 학업 등의 이유로 고향을 떠나는 것도 가정에서 벗어나는 것인가? 출가는 글자 그대로는 집을 나간다는 뜻이지만 그것의 본래 의미는 과연 무엇일까?

출가는 인도에서 석가족의 왕자였던 고타마 싯달타라는 인물의 행적에서 비롯되었다. 그는 왕자로서 왕궁에서 호화롭게 살았지만, 그러한 삶도 언젠가는 끝나므로 결코 영원한 행복일 수 없다는 자각에서 이내 왕궁의 생활을 버리고 힘든 수행 등의 과정을 거친 후 결국 부처가 되었다. 부처라는 글자 그 자체는 깨달은 사람이라는 뜻이지만, 내용적으로는 인도 문화의 화두였던 생사윤회의 굴레에서 벗어나는 일을 성취한 사람 즉 해탈한 사람을 의미한다. 따라서 출가는 해탈하기 위한 수단이었고, 부처 이후로 그의 가르침을 받드는 불교인들은 기본적으로는 출가를 당연하게 받아들였다.

출가하면 출가자로서 삭발을 하고 복장도 바꾸는 것이 일반적이었다. 생사윤회에서 해탈하는 일은 보통 우리들이 추구하는 가치 즉 부귀, 권력, 명예 등 사회적으로 인정되는 가치를 버리는 데서 출발하는 것이며, 그것들을 버리고 출가한다는 것을 드러내는 징표로서 삭발 등을 했던 것이다. 불교에서는 부귀영화 등의 사회적 가치를 세속적 가치라고 하는데, 우리들에게는 그것에 대한 부정이 사회의 기본 구성단위로 인식되는 가정에 대한 부정으로 이어지는 것처럼 보일 수밖에 없는 것 같다.

그런데 부처는 출가했지만 깨달음을 얻은 후 수많은 사람들에게 자신이 깨달은 것을 가르쳐 주면서 평생을 살았다. 일반 사람들은 물론이고 자신이 출가하기 전의 가족들에게도 가르쳐주었다. 비록 그러한 부처의 행위를 가족이라는 관념에 국한해서 즉 가족이었기 때문에 특별히 가르쳐주었다라고 이해할 필요가 있는 것인지는 논의의 여지가 있을 수도 있지만, 아무튼 가족을 도외시한 것이 아니라고 이해할 수는 있지 않을까? 그렇다면 출가는 가족 혹은 가족관계에 대한 부정이라고만 해석해야 하는 것일까?

이상의 내용에 근거해서 출가의 목적을 기준으로 판단해 보면, 출가는 곧 효도를 부정하는 것이라고 단정하기는 힘들어 보인다. 가족을 버리고 떠난다는 점은 분명하지만 그것이 결과적으로 효도를 부정한 것인지는 논란의 여지가 있는 것 같기 때문이다. 요컨대, 출가의 목적은 분명하고, 출가 그 자체는 출세와 다르며 효도와 무관해 보이는 것 같다. 그런데 출가한 이후 부처의 일생은 어떠한가? 그것은 과연 입신양명 혹은 효도라는 개념으로 이해할 수 있는 것일까?

효도와 출가

이상에서 효도와 출가의 기본적 의미와 두 가지 사이에 발생하는 문제점에 대해 개략적으로 정리해 보았다. 이제 이에 대해 선현들이 논의했던 직접적인 내용들 중에서 대표적인 것들로 간략히 정리해 보면 다음과 같다. 그 논의들에는 출가와 효도에 대한 각자의 이해가 나타나고 있으며, 무엇보다 효도 자체에 대해서는 결코 부정하지 않고 다만 출가는 효도에 어긋난다는 견해와 그렇지 않다는 견해가 대립하고 있다.

견해① : 출가와 효도는 어긋난다는 입장

견해①-1.

『효경』에서는 "신체와 머리카락, 피부는 부모로부터 받은 것, 감히 상처내지 않아야 된다."고 한다. 또한 『논어』에 따르면 증자(曾子)는 임종할 때 "내 손과 발을 펴서 살펴보라."고 했다. 지금 승려들이 머리를 깎는 것이야 말로 얼마나 성인(聖人)의 말씀을 거역하는 것이며 효자로서의 도리에 어긋나는 것인가. 또, 후계자를 얻는 것보다 더 큰 행복은 없고, 자손의 대를 끊는 것보다 더한 불효는 없다. 출가한 승려가 처자를 버리고 재산을 돌보지 않으며, 혹은 일생을 독신으로 살아간다는 것은 그야말로 행복과 효도에 위배되는 행위가 아니겠는가? 그리고 그것은 자신을 괴롭히는 일이 될지언정 기특한 일도 아니며, 자신을 궁지에 빠뜨리는 것과 다를 바가 없다.

견해①-2.

나라를 살펴보면 외국은 잔인하고 중국은 온화하다. 도교는 겸손과 유약함을 진전시킬 수 있고 불교는 교만과 강경함을 억누를 수 있다. 즉 신체를 온전히 하고 제사를 지키는 것은 선(善)을 이어가는 가르침이며, 출가하여 외모를 상처내고 성씨를 바꾸는 것은 악을 절멸하는 배움으로서 불교는 악(惡)을 없애는 가르침이고 도교는 선을 일으키는 가르침이다. 따라서 잔인하고 고집스러운 사람은 불교에 종사하는 것이 좋고, 온화하고 말 잘 듣는 사람은 도교에 따르는 것이 좋다.

견해①-3.

첫째, 불교는 나라에 들어와 나라를 파괴한다. 현혹하는 말로 제멋대로 말하고 절과 탑을 마구 세우면서 경비를 걱정하지 않는다. 백성을 괴롭혀 나라에 국민이 텅 비도록 한다. 나라가 궁핍해도 돕지 않고 백성들이 줄게 하는 것이다. 그 사람들을 보니 양잠을 하지 않고서도 옷을 입고 밭을 갈지 않고서도 밥을 먹는다. 나라가 망하고 사람이 끊어지면 잘못은 여기부터 시작된 것이다. 일상생활에서 비용만 손실하고 터럭만큼의 이익도 없으니 오재(五災)의 피해라 해도 이 이상은 아닐 것이다.

둘째, 불교는 가정에 들어가서는 가정을 파괴한다. 부자가 행동을 따로 하고 형과 아우가 법을 다르게 하며 양친을 버리고 효도가 근절된다. 근심과 즐거움, 노래와 곡소리를 따로따로 하고, 골육 사이에 원수를 낳으며, 친족들을 영구히 버리고, 순리를 거슬러 높은 부모의 은혜에 보답하지 못한다. 오역(五逆) 가운데 불효도 이만한 것은 없을 것이다.

셋째, 불교는 몸에 들어가서는 몸을 파괴한다. 사람의 신체를 갖고 태어나서 첫째 그 신체를 훼손시키는 병폐가 있고, 둘째 머리를 죄인처럼 깎는 고통이 있으며, 셋째 불효라는 허물이 있고, 넷째 자손을 끊는 죄가 있으며, 다섯째 출생을 망각하고 계율을 지킨다면서 오직 불효만을 배운다. 왜냐하면 계율로써 부모에게 무릎 꿇지 못하도록 하는데 누구나 할 것 없이 다투어 따르고 있기 때문이다. 자식이 먼저 출가하고 그 부모가 나중에 출가할 경우 부모가 자식에게 무릎 꿇어 절한다고 한다. 이러한 예의 없는 가르침은 중국에는 없다. 어떻게 따를 수 있겠는가.

세 가지를 파괴하는 이 법은 중국에서 시행하지 않았고 본래 서쪽 지역인 인도를 다스리던 것인데 어째서 논하는가? 서쪽 지역 사람들인 호인(胡人)은 둘도 없이 흉폭하고 예의를 몰라서 짐승과 다를 바 없었으며 노자의 가르침을 믿지 않았다. 노자가 서쪽 지역에 가서 불상 등의 형상을 만들고 호인을 가르치며 교화했다. 호인은 흉악하기 때문에 그들의 종자를 끊으려고 남자에게는 처를 맞이하지 못하게 하고 여자는 남자에게 시집보내지 않게 한 것이다. 한 나라가 이 법을 따른다면 자연히 멸종하게 될 것이다.

견해② : 출가와 효도는 어긋나지 않는다는 입장

견해②-1.

옛날 제(齊)나라 사람이 배를 타고 강을 건너다 부친이 물에 빠졌다. 아들은 아버지의 머리를 붙잡고 거꾸로 물을 토하게 해서 목숨을 살렸다. 부모의 머리를 잡는 것은 심한 불효지만 그렇게 해서 목숨을 살린 것이다. 그때 만약 평소대로 공손하게 효자의 도리를 다하는 자세로 있었다면 아버지의 생명은 잃고 말았을 것이다. 또, 처자와 재산 등은 세속의 자질구레한 일이며 청정한 최고의 경지인 무위(無爲)에 도달하는 것이 가장 뛰어난 일이다. 청렴결백한 자세로 살아가는 사람들에 대해 모든 이들이 그들의 덕을 칭송하여 그들의 명예가 넘친다고 해도 그것은 보통 선비들의 삶일 뿐이다. 진정으로 마음이 편안하고 근심이 없는 사람들은 그러한 것을 거들떠보지도 않는다. 눈앞에 진주가 놓여있고 뒤에서 호랑이가 쫓아오고 있다면 진주를 줍지 않고 도망치는 이유가 무엇이겠는가? 생명이 먼저고 이익은 나중이기 때문이다. 백이와 숙제는 수양산에서 굶어 죽었지만 공자는 그들을 "인(仁)을 구해서 인(仁)을 얻은 사람"이라고 칭송했다. 그들에게 자손이 없고 재산이 없다고 비난했다는 말은 전혀 없다. 이와 마찬가지로 출가하여 자손이 없거나 삭발하여 신체를 훼손하는 일은 큰 덕에 비하자면 사소한 일이다.

견해②-2.

부모가 훌륭하게 되면 자식도 귀하게 되고 자식이 귀하면 부친도 존경을 받는 것이다. 공손하게 부모를 안아드리는 것이나 매일 부모에게 소·양·돼지의 고기로써 봉양하는 것만으로는 세상 사람들이 자기를 존경하도록 할 수 없다. 세상 사람들이 자신에게 의지하도록 하는 것만이 어버이를 봉양하는 최대의 영예라는 것은 말할 필요도 없다. 부처는 깨달음을 얻고 태어난 나라로 돌아가 널리 설법했으며 아버지인 정반왕도 감동하여 도량에 입문하였다. 결국 부처는 부모에게 영예를 안겨드려 최상의 효행을 다한 것이다.

견해②-3.

출가의 가르침은 인간의 고통이 육체가 있음으로 인하여 생기는 것임을 깨닫고는 그 육체를 보양하지 않음으로써 고통을 끊고, 또한 이 삶을 유지하는 것은 왕의 교화를 받음으로 인하여 행해지는 것임을 알기 때문에 그 교화에 순응하지 않고 궁극적인 도(道)를 추구하기 위한 것이다. 궁극의 도를 추구하는 것은 왕의 교화에 순응하는 것으로는 얻을 수 없으므로 출가자는 왕의 교화를 존중하지 않는다. 출가자는 먼저 삭발을 함으로써 자신에게 맹세하고, 그 뜻은 세속의 옷을 버리고 승복으로 갈아입는 것으로 나타낸다. 그러므로 출가자는 세간으로부터 은둔하여 자기의 뜻을 추구하고 세속과는 다른 생활로써 자신의 도를 실현해 나가는 것이다. 혹시 한 사람이라도 덕을 완전히 닦으면 그가 얻은 도는 일족 모두에게 흡족한 감화를 주고 그 은택은 세계 전체에까지 미치는 것이다. 그러므로 사문은 육친의 무거운 은애를 등지고 출가했어도 불효가 되지 않으며, 군주에 대한 공경의 예(禮)가 결여되어도 불경하지 않는 것이다.

토론주제

1. 출가와 효도는 어긋나는 것인가?

2. 효도에 위배되는 행위로는 어떤 것이 있으며, 그 행위는 절대로 해서는 안 되는가?

3. 효도 자체는 오늘 날에도 여전히 긍정적인 가치가 있는가?

참고문헌

강규여, 「위진남북조시대 배불론의 두 가지 틀 : 격의적 배불론과 신멸론적 배불론」 『범한철학』 제47집, 2007.

승우(僧祐), 『홍명집(弘明集)』, 장계환 역, 동국역경원, 2001; 개정판, 2008.

종교와 국가,
어느 것이 우선하는가

– 예경(禮敬)논쟁 –

종교 갈등

오늘날 우리나라에서 발생하는 갈등 중 하나로 종교 갈등이 있다. 가깝게는 한 가족 안에서 가족 구성원들 간에 발생하기도 한다. 예를 들어 제사가 일반적이었던 우리나라의 문화와 다르게 기독교는 제사를 부정하므로 이로 인해 가족 내 마찰이 생기기도 한다. 사회적으로는 일부 종교인들의 불법적 혹은 반인륜적 행위 등이 문제가 되기도 하고, 또 종교인의 과세문제도 뚜렷한 해법을 찾지 못하고 있는 것 같다. 이는 거시적으로 본다면, 역사의 흐름에 따라 세계 각지에서 기원한 종교들이 세계적으로 전파하면서 각 지역이나 나라의 특수한 문화와 접촉하게 되었고 그 과정에서 갈등양상들이 표출된 것이라고 할 수 있을 것이다. 이러한 상황에서 종교로 인해 발생하는 문제들은 이 시대를 살아가는 우리들이 해야 할 고민 중의 하나임이 분명할 것이다.

종교가 우리에게 갖는 의미는 무엇일까? 혹시 자신은 종교가 없기 때문에 종교와 자신은 아무 상관이 없다고 생각하는가? 우리나라에서 국민의 한 사람으로서 세금을 납부하거나 국방의 의무를 이행하는 것 등은 모두에게 적용되는 당연한 일이다. 그런데 종교가 개입되어 그 당연한 일이 누군가에게는 예외가 된다면, 그때에도 종교는 자신과 전혀 상관없는 것이라고 할 수 있겠는가? 여기서 종교의 의미를 묻는 것은 단지 신앙적 차원에서가 아니다. 어쩌면 신앙적 문제와는 전혀 무관하다고도 할 수 있다. 종교로 인한 사회적 문제 다시 말해 종교로 인해 발생하는 국가적 차원의 갈등과 그 해법에 대한 고민의 필요성을 말하려는 것이다. 국가적 차원의 갈등은 곧 국민 한 사람 한 사람의 삶과 직결된 문제라는 점에서 이 시대에도 여전히 필요한 고민이지 않겠는가?

종교가 같은 사람의 국적은 같을 수도 다를 수도 있고, 거꾸로 말하면 국적이 같은 사람의 종교는 같을 수도 다를 수도 있다. 따라서 종교와 국적 사이의 필연적 연관성은 보이지 않는 것 같다. 그런데 만약 종교가 같으면서 국적이 다른 사람들 간의 유대감과 국적은 같지만 종교가 다른 사람들 간의 유대감을 비교한다면 어느 쪽이 더 강할까? 가끔 시사프로그램에서 신앙 때문에 가족을 등진 사람들의 얘기가 등장한다. 종교적 유대감이 인간관계 중 가장 긴밀하다는 가족 간 유대감보다 더 강한 경우가 현실적으로 존재하는 것을 보면, 종교적 유대감과 국가적 유대감에 대한 논의도 쉽게 결론 내리기는 어려운 것 같다. 이러한 유대감의 문제도 현실에서 국가적 이익과 종교 단체의 이익이 충돌할 경우에 발생할 수 있는 사회적 문제와 연관될 수 있으므로 고민해 볼 필요가 있을 것이다. 나아가 이러한 고민들은 오늘날을 살아가는 우리들에게 적합한 종교관이나 국가관이 무엇인지에 대한 성찰의 계기가 될 것이다.

이러한 고민에 참고가 될 만한 한 가지 사례가 동아시아불교 안에 존재한다. 인도에서 기원한 불교가 동아시아로 전래하며 정착해 가는 과정에서 발생했던 예경논쟁이 바로 그것이다. 예경논쟁에서 등장하는 견해들은 오늘날 종교와 국가 간 갈등과 해법에 대해 성찰하는 데 유의미한 하나의 예시가 되어줄 것이다.

예경 논쟁의 의미와 경위

예경(禮敬)이란 예의를 갖춰 공경한다는 의미이며, 예경 논쟁이란 승려가 왕에게 예경해야하는가 아닌가에 대한 논쟁이다. 동아시아에서 실제로 있었던 논쟁으로서 본질적으로는 인도 문화와 동아시아 문화의 차이로 인해 발생한 논쟁이었다. 즉 인도에도 왕이 있었지만 인도는 승려들이 왕에게 예경할 필요가 없도록 독립성을 보장하는 문화였다. 보통 이 문화를 교주왕종(敎主王從) 즉 종교가 우선이고 왕은 그 다음이라는 말로 표현한다. 그런데 동아시아에서는 국가의 모든 국민은 예외 없이 최고 통치자인 왕에게 예경하는 것을 기본으로 삼는 문화였다. 이 문화는 일반적으로 왕주교종(王主敎從) 즉 왕이 우선이고 종교는 그 다음이라는 말로 표현한다. 교주왕종의 인도문화에서 발생한 불교가 왕주교종의 문화인 동아시아로 전래하면서 승려가 왕에게 예경할 것인가 아닌가의 문제가 발생했던 것이다. 간단히 생각하면 로마에 가면 로마의 법을 따른다는 말처럼 인도에서는 교주왕종이었다고 해도 동아시아에서는 동아시아의 왕주교종 문화에 따르면 될 일이지 않았을까? 그런데 무슨 이유에서 논쟁으로까지 비화되었던 것일까?

인도에서 기원한 불교는 중국 역사상 한(漢)나라 때 처음 알려지기 시작했다. 한(漢)나라는 유교를 통치이념으로 삼아서 강력한 통일 왕국을 유지하고 있었으며 불교는 서쪽의 종교로서 즉 부처는 인도의 신(神)으로 이해되는 정도였다. 불교가 알려지기는 했지만 대체로 몇몇 개인들이 개별적으로 신앙하는 정도였을 뿐 별다른 세력을 갖지 못한 미약한 상태였다. 그런데 한(漢)나라가 멸망하고 이어서 위(魏)·촉(蜀)·오(吳) 삼국시대가 되면서 조조(曹操), 유비(劉備), 손권(孫權) 등이 패권을 다투다가 결국 조조의 위(魏)나라가 전국의 주도권을 잡게 되었다. 이후 조조의 책사였던 사마의의 후손 사마염이 조조의 후예인 위(魏)나라의 제5대 황제 조환(曹奐)을 몰아냄으로써 위(魏)나라는 사라진다. 그리고 사마염이 새롭게 세운 왕조가 바로 진(晉)나라였다.

진(晉)나라는 처음에 낙양(洛陽)에 도읍을 두었지만 이후 흉노족이 일으킨 전쟁으로 인해 양자강 남쪽 지역으로 이주하는데, 역사가들은 편의상 낙양에 도읍을 두었던 진(晉)나라를 서진(西晉), 양자강 남쪽으로 이주한 진(晉)나라를 동진(東晉)으로 구분해서 부른다. 한편 이러한 역사를 거치면서 불교는 더 이상 경시할 수 없을 정도로 막대한 사회적 영향력을 갖추게 되었다. 불교는 더 이상 몇몇 소수 사람들의 신앙에 그치지 않고 여러 방면으로 확대해 나아갔다. 일반 사람들은 물론 왕이나 고위 신하들 전체에까지 불교가 확산하면서 시대를 주도하는 주류적 이념으로서 성장했던 것이다.

예경논쟁은 동진(東晉) 시대에 발생한 논쟁이다. 물론, 이 시대 이후에도 몇 차례 반복되었지만 주요 내용은 동진 시대 논쟁의 범위를 벗어나지 않는다. 동진 시대에 예경논쟁이 발생한 이유는 불교의 세력 확장과 더불어 전쟁으로 인한 전국토의 대혼란에 따른 국가 기강의 확립이 무엇보다 절실했기 때문이었을 것이다. 이 시대 이전에도 불교로 인한 사회적 문제가 종종 있었다. 예를 들어 출가한 승려가 오히려 사적인 이익만 추구하는 경우 등과 같은 출가자들의 타락에 따른 조치를 논의하기도 했다. 역사적으로는 동진

시대에 이르면 불교도들이 야기한 이전의 그런 문제들이 일종의 계기가 되어 예경 문제로까지 비화되었던 것으로 이해할 수도 있을 것이다. 즉 불교로 인한 사회적 혼란 그 중에서도 가장 핵심은 왕에 대한 인정 문제로 해석될 수도 있는 예경 문제라고 할 수 있기 때문이다. 나아가 이는 국가 자체의 정당성 문제와도 연결되므로 반드시 논의되었어야 할 성격의 문제였을 것이다.

동진 시대의 예경논쟁은 두 번에 걸쳐 진행되었다. 첫 번째는 동진(東晋) 초 함강(咸康) 6년(340년)에 어린 성제(成帝)를 보좌하던 유빙(庾氷, 296-344)이 "승려는 마땅히 왕에게 예경을 다해야 한다."고 주장하고, 이에 대해 상서령(尙書令)이었던 하충(何充, 292-346) 등은 "마땅히 예경하지 말아야 한다."고 반론함으로써 전개되었다. 두 번째는 동진(東晋) 원흥(元興) 연간(402-404년)에 태위(太尉)였던 환현(桓玄, 369-404)에 의해서 승려의 예경문제가 다시 제기되었으며, 환현을 위시하여 예경을 주장한 예경론자와 왕밀(王謐, 360-407)을 비롯하여 예경을 반대하는 불경론자의 견해가 서로 대립했다.

두 번의 예경논쟁에서 결과적으로는 모두 예경 반대파가 승리했다. 즉 기본적으로는 종교의 독립성을 인정하는 결론을 내렸던 것이다. 다만, 현실적인 문제에 있어서 승려들에 의한 사회적 문제에 대해서는 엄격한 조치를 취하는 정책을 병행하기도 했다. 논쟁의 결과 종교인으로서의 본분에 대한 엄격한 반성을 요구하게 되었던 것이다.

여기서는 편의상 첫 번째를 제1차 예경논쟁, 두 번째를 제2차 예경논쟁으로 구분하고 각 논쟁의 직접적인 내용들을 원문에 근거해 이하에서 정리했다.

제1차 예경논쟁의 주요 내용

견해① : 승려는 왕에게 예경해야 한다는 예경찬성파의 입장

견해①-1.

나라마다 풍속이 다른 것은 각각의 유래가 있으며 각각의 풍속마다 숭상하는 바가 있을 것이다. 부모 자식 간의 공경을 근거로 군신 간의 질서를 세우고 법도를 제정하여 예의질서를 숭상하게 된 데는 그만한 이유가 있었기 때문일 것이다. 그러므로 법도로 제정된 왕에 대한 예경을 바꿔서는 안 된다.

또한 지금 과연 부처가 있는 것인가 없는 것인가? 있다면 그 도(道)는 반드시 널리 펼쳐야겠지만, 부처가 없다면 불교 예법의 의미는 어디에서 찾아야 하는가? 있다는 믿음을 계승한다고 해도 이것은 세속 바깥의 일이다. 세속 바깥의 일을 어떻게 세속 안에서 체험하겠는가? 그래서 모습을 고치고 일상의 일에 어긋나며 예법을 바꾸어 유교를 버린다고 하는 것은 매우 의심스럽다.

유교에는 유래가 있어서 백대에 걸쳐 폐지되지 않는다. 시초에는 크게 밝혀졌지만 후세에 이르러서는 위태로워진 것 같으며, 위태로움이라는 폐해는 그 까닭을 찾기가 어렵다. 그런데 이제 와서 망연하여 애매한 것을 사모하고, 희미하고 분명하지 않은 것에 의거하여 하루아침에 지금 세상의 예교를 폐지해서 보통 사람들로 하여금 나라의 법도를 제멋대로 안일하게 한다. 이 또한 매우 의심스럽다.

가령 부처가 있다고 믿거나 혹은 실제로 있어서 장차 영적으로 교감하게 되더라도 그것은 마음속으로 얻을 뿐이다. 법도라는 것은 결코 올바른 조정에서는 폐지할 수 없다. 이러한 일들은 모두 진(晉)나라 백성들의 일이며, 그 재주와 지혜 또한 보통 사람이다. 그럼에도 이해하기도 어려운 말로 인해 복장을 따라함으로써 법도를 능멸하고, 다른 풍속을 두둔하고 예법을 무시하여 천자를 대하면서 몸을 꼿꼿하게 세운다. 이 또한 받아들일 수 없는 바다.

견해①-2.

대체로 여러 왕들이 법을 제정하면서 비록 형식과 내용은 시대에 따른다고 해도 아직까지 다른 나라의 풍속을 정치에 섞고 매우 허망한 것을 교화에 섞는 사람은 없었다.

또 불교의 다섯 가지 계율인 오계(五戒)라는 작은 선(善)도 대체로 헤아려보면 인륜과 비슷하다. 그런데 왜 승려는 군주에게 예경을 생략하려고 하는가? 예(禮)는 귀중하고 공경은 중대하며 정치를 하는 강령은 모두 여기에 있다. 군주가 존경받는 것을 좋아해서가 아니며, 구역 안의 백성들이 낮추어지는 것을 좋아해서도 아니다. 그러나 존비가 정해지지 않으면 왕의 교화는 하나가 되지 못하고, 둘이 되어 곧 어지러워진다. 이것이 지난 날 성군(聖君)들이 헌장으로 나라의 틀을 잡은 까닭이며 마땅히 헷갈리지 말아야 한다.

사리에 밝고 재능 있는 사람은 두루 통달해서 불교도 잘 이해하고 있을 수 있다. 그러나 불교를 가정에서 따르는 것은 좋지만, 나라와 조정에서까지 적용해서는 안 된다. 부처가 있는지 없는지도 확실하지 않다. 확실히 있다고 해도 정치에 참여시킬 수는 없을 뿐 아니라 하물며 아무 것도 없는데 마땅히 시행하겠는가?

견해② : 승려는 왕에게 예경해서는 안 된다는 예경반대파의 입장

견해②-1.

부처가 실제로 있는지 없는지는 단정할 수 없는 문제이지만, 남겨진 글을 찾아보고 요지를 고찰해 보면 그 가르침의 의미를 알 수 있다. 즉 오계(五戒)라는 규칙은 사실상 왕의 교화를 돕는 것이다. 겉으로 드러나는 명예로운 행위를 천하게 보고, 눈에 보이지 않는 숨은 지조를 귀하게 여기며, 덕(德)을 실천함에 있어 자신을 내세우지 않고 한 마음의 청묘함을 지니게 하는 것이기 때문이다.

또한 한(漢)나라 때부터 지금에 이르기까지 비록 불교가 융성하기도 하고 쇠퇴하기도 했지만 요망한 폐단은 없었다. 오랜 세월을 거친 신령한 도(道)로서 이만한 것은 없다.

지금 한번 그들에게 예경하도록 하면 그 법을 파괴하는 것이다. 선(善)을 닦는 풍속을 지금 이 나라에서 폐지시키는 습속이 생겨나 지속되면 반드시 근심과 두려움이 생길 것이다.

요컨대 불교가 처음 중국에 전래한 이래로 세상은 한(漢), 위(魏), 진(晉)의 3대를 거치며 여러 황제들을 경유해왔다. 지금 새롭게 예경 제도를 만들지 않아도 왕법을 훼손시키지 않을 것이다.

견해②-2.

한나라, 위나라에서 진나라에 이르기까지 승려가 예경하지 않는 문제에 이의가 있었다는 것은 들어보지 못했고, 존비의 헌장이 잠시라도 훼손된 일도 없었다. 지금 사문이 계를 지키는 것은 한결같으며 그 예법은 한 가지일 뿐이다. 계를 독실하게 지키는 데 있어서는 몸을 버리는 것도 아까워하지 않는데, 어떻게 외면적인 것으로 예경에 태만하다고 하겠는가? 향을 사르고 축원하는 것을 볼 때마다 반드시 먼저 국가가 복을 받아 융성하기를 바라고 있으며 그 마음은 끝이 없다. 윗사람을 받들고 숭배하며 따르는 것은 자연스러움에서 나온다. 승려의 예의가 간결한 것은 아마도 한결같이 법을 지키려는 것이며, 그래서 선대의 성왕(聖王)들이 세상을 다스리면서도 이로 인해 바꾸지 않았던 것이다. 예배를 시키지 않아도 법도를 훼손하지 않는다.

제2차 예경논쟁의 주요 내용

견해① : 승려는 왕에게 예경해야 한다는 예경찬성파의 입장

견해①-1.

옛날 사문들은 모두 왕에게 예경하지 않았다. 제1차 예경논쟁에서 하충과 유빙이 비록 이에 대해 논의했지만 둘 다 자신의 견해를 따랐을 뿐 아직 이치로써 서로 굴복시키지는 못했다. 유빙의 의도는 군주를 존숭하는 데 있었지만 이론적 근거가 미진했고, 하충은 편벽된 믿음에서 주장하여 결국 명분 자체를 흩트렸다.

부처의 교화는 비록 허탄하여 아득하며, 보고 듣는 인식의 영역 바깥에서 추측할 일이지만 공경을 근본으로 삼는다는 이 점은 다르지 않다. 대개 기약하는 바가 다르지만 공경은 마땅히 폐지해야 하는 것이 아니다.

노자는 왕후를 천(天)·지(地)·도(道)의 삼대(三大)와 동등하다고 했으며, 근원적으로 중요하게 여긴 바는 모두 만물의 생육을 돕고 천지를 운행하게 하는 것이지, 어떻게 성인(聖人)이 왕위에 있다는 것만으로 천지에 비교하여 부른 것이겠는가? 바야흐로 천지의 큰 덕(德)을 생성이라고 하며, 생성을 통해 만물을 다스리는 역할은 왕에게 있는 것이다. 그래서 왕의 지위를 존중하며 예경을 높이 생각하는 것이다. 어찌 이것이 허망하게 서로 숭상하며 존중하는 것일 뿐이고, 그 뜻은 임금이 나라를 거느리는 데에만 있겠는가?

사문이 삶을 영위하며 존속할 수 있는 까닭 역시 왕에 의해 이치와 천명을 일용하는 것이다. 어찌 그 덕을 입고 있으면서 예경은 버리고, 그 은혜를 입고 있으면서 공경은 폐지하는가? 이치로도 용납할 수 없고 감정으로도 편안하지 않은 일이다.

견해①-2.

사문의 공경이 어떻게 형식을 모두 생략하고 마음을 보존하는 것이라고 할 수 있는가? 참회나 예배를 보면 역시 형식에 독실하여 스승에서 상좌에 이르기까지 이미 행해지고 있으며, 세인의 예를 표하는 방식과 단지 그 형식이 조금 다를 뿐이다. 저쪽에서는 이미 형식을 잊지 않으면서 어떻게 이쪽에서는 의례를 소홀히 하는가? 또 스승의 도리는 깨닫도록 도와주는 것을 공덕으로 삼지만, 군주의 도리는 삶을 이어가도록 하는 것이며, 곧 이치는 마땅히 근본에 있어야 한다. 천·지·인 3재의 의미가 어찌 도리의 극치가 아니겠는가?

외국에서는 군주가 승려에게 예의를 갖춘다지만, 외국의 군주는 비유로 삼을만한 대상이 아니다. 불교의 흥기 역시 그 지향점을 알 수 있는 것인데, 어찌 야만인들이 교만하고 거칠어서 평범한 가르침으로는 교화할 수 없어서가 아니겠는가? 때문에 신기한 방법을 동원하여 겁을 줘서 복종하도록 한 것이고, 이미 겁을 먹고 복종한 후에 법도에 따르게 하려는 것이다. 이것은 대개 귀신의 복의 보응을 두려워한 것이어서 어떻게 현묘한 도(道)를 지향하는 것이겠는가?

승려에게는 도(道)가 있어서 귀하게 여겨야한다고 볼 수도 없을 것이다. 어떻게 법복을 입었다고 갑자기 도가 그 안에 있을 수 있는가? 만약 도가 있은 다음에 귀해진다고 한다면 성인(聖人)의 도는 도의 극치며, 군신의 공경은 의례로써 더욱 돈독해진다. 그렇다면 사문의 불경(不敬)이 어떻게 도가 있어서 귀해지는 것일 수 있겠는가?

한·위·진 3대를 거치면서도 예경을 강제하지 않았다는 것은 증거가 될 만한 이유가 아니다. 지난 날 진(晉)나라 사람들은 거의 부처를 받든 사람이 없었고, 승려와 대중들은 모두 외지인이었으며, 또 왕은 그들과 접촉하지 않았다. 때문에 그 지방을 풍속대로 맡겨두고 그것을 단속하지 않았을 뿐이다. 지금의 주상은 부처를 신봉하여 몸소 불교 행사를 접하고 있어서 사정이 예전과 다르다. 어떻게 그 예법에 기준을 두지 않을 수 있겠는가? 일상에서 작용하는 청정하고 검약한 기풍이 교화에 도움이 될 수도 있을 것이다. 그러나 이것은 불교의 공용이며, 승려의 오만과 허탄한 말은 도움이 되지 않는다. 지금 오로지 그러한 승려들을 공경한다면 장차 그러한 도움을 더욱 깊어지게 하지 못할 것이다.

견해② : 승려는 왕에게 예경해서는 안 된다는 예경반대파의 입장

견해②-1.

불교와 요순·공자는 취지를 달리하며 예교는 완전히 어긋난다. 사람은 신체발부를 소중히 여기지만 승려는 머리를 깎는 일에 대해 의심하지 않는다. 출가하여 부모를 버리며, 부모의 얼굴빛을 살피며 봉양하는 것을 효도라고 여기지 않는다. 흙이나 나무의 모습처럼 욕망을 끊고 다툼을 그치며 한 생애를 기약하는 것이 아니라 만겁(萬劫)이라는 오랜 시간 동안에서 복을 구한다. 세상에서 귀하게 여기는 일은 이미 모두 떨어져 나갔고, 예교에서 소중한 일도 생각 속에서 모두 버렸다. 아비를 봉양하고 임금을 섬기는 일은 하늘이 정한 지극함이지만 오히려 그 부모의 사랑에서 벗어난 것이다. 어떻게 천자에게 예경할 수 있겠는가? 그러한 사정으로 보아 스스로 당연하게 예경을 폐지해야 한다.

견해②-2.

불교의 흥기는 천축으로부터이며 그 종지는 본래 그윽하고 아득하여 말로 설명하기 어렵다. 이미 전해진 가르침이 있기 때문에 간략히 말할 수 있을 뿐이다. 생각건대 지역이 다르고 풍속이 다르면 비록 편안하게 여기는 바가 매번 어긋나더라도 군주가 다스리는 이치에 있어서는 반드시 동일하지 않을 수 없다.

오늘날의 승려는 비록 마음으로 깊이 공경하더라도 몸을 굽히는 것을 예법으로 삼지는 않는다. 그 자취는 충분히 국토를 인솔하지만 그 향하는 곳은 세간을 초월하는 것이다. 그래서 외국의 군주는 승려에게 예를 갖추지 않은 일이 없다. 참으로 도(道)가 있어서 귀하게 여긴 것이며 사람으로써 경중을 따지지 않는 것이다.

큰 법이 널리 유포된 것을 살펴보면 참으로 오랜 시일이 지났다. 햇수로 4백년이 넘었고 시대로는 한·위·진 3대째다. 비록 풍속도 달라지고 정치도 바뀌었지만 불교가 널리 퍼진 것은 다르지 않다. 어찌 독보적이고 절대적인 교화가 일상에서 점점 작용하여 청정하고 검약한 기풍이 국가의 흥륭과 평화에 해가 됨이 없어서가 아니겠는가? 그래서 군왕은 스스로를 공손히 하고 출가로 인하여 가정이 줄어드는 것에 대해서 한탄하지 않았으며, 승려는 진실을 보전하여 세상에 있어서 허탄한 사람이라고 자신을 의심하지 않았다.

승려의 도(道)는 나름대로 공경을 위주로 한다. 다만 가는 길이 이미 달라서 그 의미상 몸을 굽히는 일은 없는 것이다. 때문에 천륜이 중요하더라도 형식상의 예법은 모두 없는 것이다. 사문이 스승과 어른을 받들어 나름대로 서로 존숭하여 공경하는 까닭은 참으로 취지가 이미 같으므로 장유의 질서가 정해진 것이고, 바탕에서 통하여 관계가 있으므로 행위와 마음이 상응한 것이기 때문이다.

군주의 도리가 삶을 이어가도록 하는 것은 곧 그 이치가 천지의 조화와 같다. 천지의 형상을 만들고 생기를 불어넣는 그 공용은 곧 큰 것이다. 그러나 품부 받은 것에 대해 그 은혜를 고마워하는 일은 없었고, 이치의 근본에 대해 감사하는 일을 그만둔 것은 왜인가? 참으로 아득한 근본은 그윽하고 초월해 있어서 사물의 모습으로 나타나는 바가 아니기 때문이다. 운용하여 통하는 이치는 묘한 것이어서 어찌 거친 자취로 보답할 수 있겠는가? 그래서 공자는 "백성들은 따르게 할 수는 있어도 알게 할 수는 없다.(可使由之不可使知之가사유지불가사지지)"(『논어』, 「泰伯」)고 말했던 것이다.

생각건대 인군(人君)의 도리는 삶을 이어가게 하고 그것은 천지의 조화와 같지만, 군신의 예경에 있어서는 곧 이치가 유교에서 끝난다. 지금 사문은 이미 왕후의 신하가 아니기 때문에 예경도 그만둘 뿐이다.

토론주제

1. 출가한 사문이 왕에 대해 반드시 예경할 필요가 있는가?

2. 종교적 이유로 국가나 사회적 의무를 이행하지 않을 수 있는가?

3. 종교인의 사회적 책무가 있는가?

참고문헌

강규여, 「유(儒)·불(佛)의 소통 가능성 탐구 – 위진남북조시대 예법문제를 중심으로」 『범한철학』 제71집, 2013.

도선(道宣) 외, 『집고금불도논형(集古今佛道論衡) 외(外)』, 박건주 외 옮김, 동국역경원, 1999.

승우(僧祐), 『홍명집(弘明集)』, 장계환 역, 동국역경원, 2001; 개정판, 2008.

부처는
어떤 존재인가

– 부처에 대한 단상(斷想) –

우리 문화 속 부처

등산할 때 들르거나 혹은 여행할 때 유명 관광지 등에 항상 있는 장소가 바로 불교 사찰일 것이다. 그곳에 가보면 거의 대부분 대웅전이라는 건물 안에 불상(佛像)이 반드시 자리하고 있다. 그 불상들은 대체 어떻게 생겨난 것인지에 대해 생각해본 적이 있는가? 불상은 부처의 형상을 본뜬 조형물로서 부처를 상징하고 있으며, 불교 행사나 혹은 개개인들의 신앙행위의 대상으로서 사실상 불교 그 자체를 대표하는 것으로도 볼 수 있다.

불교라는 말 자체는 부처의 가르침이라는 뜻인데, 어쩌면 불상이라는 조형물로서 우리들에게 더 익숙한 그 존재 즉 불상의 모델이 되는 부처라는 존재는 누구이며, 어떤 존재이기에 불상으로까지 상징화되었을까? 부처라는 존재는 인간이었다고 해도 평범한 인간은 아니었을 것이다. 또 신이었다고 한다면 어떤 신이었기에 그토록 우리 문화 속에서 살아 숨 쉬고 있었으며, 이 시대에는 어떤 의미를 가지는 것일까?

부처는 누구인가라는 질문은 동아시아로 불교가 전래한 초기부터 제기되었다. 불교는 인도에서 기원한 가르침으로서 인도의 역사와 문화를 배경으로 발생했다. 따라서 동아시아에 전래하고 정착해가는 과정에서 동아시아를 기반으로 성립한 유교와 도교 등의 고등 사상은 물론이고 민간신앙 등과 갈등과 화해의 과정을 반복하게 된다. 역사의 흐름과 함께 정치적 사회적 변화에 따라 부침을 반복하면서도 결과적으로는 오늘 날까지 이어져 인도에서 기원했다는 사실 조차 무색할 정도로 완전히 우리 문화의 하나로 자리했다. 요컨대 부처라는 존재에 대한 물음을 통해 부처를 이해하는 과정을 겪으면서 부처는 우리 문화 속에서 신앙의 대상으로서 또는 본받아야 할 인간상으로서 정착했다고 할 수 있을 것이다.

이하에서는 동아시아불교에서 제기되었던 부처에 대한 물음과 해명 등을 몇 가지로 정리했다. 이는 동아시아문화 속에서 부처가 어떤 존재인지 혹은 어떤 존재로 이해되었는지에 대해 고찰해보고 오늘날에는 어떤 의미가 있을지에 대해 생각하는 데 도움이 될 수 있을 것이다. 물론 이 내용이 2천년 이상의 동아시아불교사 안에서 나타난 부처에 대한 이해의 전부라고 할 수는 없다. 대부분 불교 전래 초기 즉 기원 전후에서 대략 300여년 즈음의 기간 동안의 내용들이다. 아직은 부처에 대해 알듯 말듯 하던 그런 때였고, 아울러 그런 부처의 가르침인 불교에 대해서도 이해하기 위해 한창 노력하던 때였다. 지금은 많은 연구가 이루어져 있으며 부처란 깨달은 존재라는 뜻이라거나 생사윤회에서 해탈한 존재라는 등의 말은 거의 상식적인 것이 되었지만, 그럼에도 우리가 느끼기에 여전히 부처는 낯익은 듯 낯설기도 하지 않은가?

부처에 대한 물음과 해명

물음과 해명 ①

질문 부처는 어디에서 출생했으며, 선조나 나라가 있는가? 모두 어떻게 살았으며 어떤 모습이었는가?

> 혹 문 왈 불 종 하 출 생 녕 유 선 조 급 국 읍 부 개 하 시 행
> 或問曰. 佛從何出生. 寧有先祖及國邑不. 皆何施行.
>
> 상 하 류 호
> 狀何類乎.

해명 부처는 부처가 되기 전에 아주 기나긴 시간 동안 도(道)와 덕(德)을 쌓았다고 한다. 그런데 부처가 될 때는 인도에서 태어났으며, 백정왕(白淨王)의 부인에게서 그 모습을 빌렸다. 부인이 낮잠을 자고 있을 때 여섯 개의 상아를 가진 흰 코끼리에 타는 꿈을 꾸면서 아주 즐거워하고 있었는데, 그 뒤에 잉태했다. 이듬해 4월 8일에 어머니의 오른쪽 옆구리에서 태어났다. 땅을 딛고 일곱 걸음을 걸은 뒤, 오른 손을 들며 "천상천하유아독존(天上天下唯我獨尊)" 즉 "천상천하에 나보다 뛰어난 이는 없다."고 말했다. 그때 천지가 크게 진동하며 궁중은 일제히 밝아졌다. 그때 왕가의 하녀도 어린애를 낳았고, 마구간의 흰 말도 하얀 새끼 말을 낳았다. 하녀의 어린애는 차닉이라고 불렀고, 말은 건척이라고 불렀는데, 아버지였던 백정왕은 이들이 언제나 태자의 뒤를 따르게 했다. 태자에게는 32상80종호(三十二相八十種好)라는 신체적 특징이 있었다. 대략 키는 1장 6척(약 392cm)이고, 몸 전체는 금색이며, 머리 위에는 육계(肉髻)가 있었다. 또 털은 사자처럼 단단했고, 혀는 얼굴을 덮을 만큼 길었으며, 손바닥에는 천개의 법륜(法輪) 무늬가 새겨져있었고, 이마에서 비치는 빛은 만 리를 비출 정도로 환했다고 한다.

태자가 17세가 되자 왕은 그를 위해 이웃 나라 왕녀를 태자비로 맞이했다. 이후 아들을 한 명 낳았다. 그런데 부왕은 태자를 위해 훌륭한 궁전도 지어주고, 진귀한 물건도 주었지만 태자는 세속적인 즐거움을 탐하지 않고 도(道)와 덕(德)에만 마음을 두었다.

19세가 되던 해 4월 8일, 한밤중에 태자는 차닉을 불러서 백마 건척에게 재갈을 물리고 올라탔다. 그러자 귀신이 들어 올려 날아서 궁전을 빠져나왔다. 다음날 궁전에서는 아무도 그를 찾지 못했고, 부왕과 신하나 백성들 중 울지 않는 사람이 없었다. 이윽고 뒤를 쫓아 교외에서 만나자 부왕은 "네가 태어나기 전에 나는 너를 얻게 해 달라고 귀신과 신들에게 기도했다. 네가 태어난 뒤에는 금이야 옥이야 하고 소중히 키웠다. 너는 마땅히 왕위를 물려받아야 하는데, 떠나면 어떡하느냐?"하고 물었다. 태자는 "만물은 무상(無常)하며 존재하는 것은 반드시 없어집니다. 지금 도(道)를 배워서 온 세상 사람들을 제도하여 해탈하게 하고 싶습니다."라고 대답했다. 왕은 그를 더 이상 붙잡지 못했고, 태자는 이후 6년 만에 마침내 성불하여 부처가 되었다. 부처는 천하 사람들에게 가르침을 베풀어 해탈하게 하다가 열반에 들어 돌아가셨다. 이후 부처의 말씀을 담은 경전과 계율이 계속 전승되어 왔던 것이다.

물음과 해명 ②

질문 무슨 이유로 부처라고 하는가? 부처란 무슨 말인가?

문왈 하이정언불 불위하위호

問曰. 何以正言佛. 佛爲何謂乎.

해명 부처는 일종의 시호(諡號)다. 삼황(三皇)을 신(神)이라고 하거나 오제(五帝)를 성(聖)이라고 하는 것과 같다. 부처는 도(道)와 덕(德)의 원조이며, 신명(神明)의 근원이다. 부처라는 말은 '깨달았다'는 뜻이다. 황홀하게 변화하며 여러 가지 형체로 자신을 드러낸다. 혹은 있기도 하고 없기도 하며, 크기도 하고 작기도 하고, 둥글거나 네모나기도 하며, 노인일 수도 있고 젊은이일 수도 있으며, 안 드러나기도 하고 잘 드러날 수도 있다. 칼 위를 걸어도 다치지 않고, 더러움 속에서도 물들지 않으며, 재난을 만나도 화를 당하지 않는다. 가려고 하면 공중을 날아가고 앉아서는 광명을 놓는다. 따라서 부처라고 부르는 것이다.

물음과 해명 ③

질문 부처에게는 32상80종호가 있었다고 하는데, 보통 사람하고는 너무나 다르지 않은가? 아마 과장된 말이지 진짜로 그렇지는 않았을 것이다.

問曰. 云佛有三十二相八十種好. 何其異於人旨甚也.

殆富耳之語. 非實之云也.

해명 요(堯)임금의 눈썹은 여덟 가지 색이었고, 순(舜)임금의 눈은 눈동자가 두 개였으며, 고요(皐陶)의 입은 까마귀 부리와 같았고, 우(禹)임금의 귀는 귓구멍이 세 개였으며, 주공(周公)은 곱추였고, 복희(伏羲)는 용 같은 코를 가졌다. 공자는 머리가 절구통 같았고, 노자는 이마가 해처럼 튀어나왔으며 눈이 현묘하고 콧날이 두 개였으며 손바닥에 열 개의 문양이 있었고 또 발바닥에는 두 개와 다섯 개 문양이 있었다고 한다. 이것들은 모두 보통 사람과 다른 것이 아니겠는가? 어째서 부처의 상호만 이상하다고 하겠는가?

물음과 해명 ④

질문 주공과 공자는 그 시대에 맞춰서 교화한 것이고, 부처는 한꺼번에 해결하려고 한다. 대체 어떤 방법으로 해야 폭력을 징벌하고 간악한 행위를 금지시켜 여러 사람들을 잘 다스릴 수 있는가?

난왈 주공적시이교 불욕돈거지 장하이징폭지간통리
難曰. 周孔適時而教. 佛欲頓去之. 將何以懲暴止姦統理

군생자재
群生者哉.

해명 주공과 공자가 바로 부처고, 부처가 바로 주공과 공자다. 안팎으로 명칭이 다를 뿐이다. 즉 주공과 공자는 정치적 세계에서의 통솔자이고 부처는 초월적 세계에서의 통솔자일 따름인 것이다. 부처는 깨달은 존재라는 뜻이며, 이는 맹자가 성인(聖人)을 선각자라고 한 것처럼 성인을 의미한다. 성인이 세상에 호응해서 만물에게 법도를 주는 것은 시대의 형편에 따른다. 주공과 공자는 세상의 잘못된 폐단을 구했고, 불교는 그 근본을 밝힌 것일 뿐이다. 둘 다 앞뒤로 맞아떨어지며 그 취지는 다르지 않다. 다시 말해 각자가 처한 시대가 달라서 각각의 방식은 차이가 있었지만, 본질적으로는 모두 동일한 것이다.

물음과 해명 ⑤

전위(前魏, 220-265년) 때 오(吳)나라 군주가 불교를 숭상하고, 부처를 위해 탑사(塔寺)를 세우면서 유(儒)·불(佛)·도(道) 삼교(三教)의 우열에 대해 문의한 일이 있었다. 여기서도 부처에 대한 이해의 한 단면을 볼 수 있는데 그 내용은 다음과 같다.

손권(孫權) 때(241년) 강승회(康僧會)라는 불교인이 있었다. 그는 서역(西域)의 한 나라였던 강거국(康居國) 대승상의 장자(長子)로서 여기저기 자유로이 돌아다니며 교화하고 있었다. 이 때 위(魏)·촉(蜀)·오(吳) 삼국이 각기 위세를 떨치며 대치하고 있었는데, 불교가 북쪽에는 유통되었지만 남쪽인 오나라에는 이르지 못하고 있었다. 강승회는 불교가가 아직 전파하지 못한 양자강 이남 지역에 불법(佛法)을 펴고자 처음으로 오나라의 수도 건업(建業)에 도착하여, 초가집을 짓고 불상을 모시며 가르침을 실행하였다.

오나라 사람들은 이를 보고 요망스럽고 이상하다고 여겼다. 관리가 보고하니 오나라 군주인 손권이 강승회를 불러 물었다.

"부처에게는 어떠한 신험(神驗)이 있는가?"

강승회가 대답하였다.

"부처님께서 경이로운 행적을 나타내신 지 천년 즈음 되었으며, 사리(舍利)로 그 유형(遺形)이 전해지고, 응현(應現)하시지 않는 곳이 없습니다."

오나라 군주가 말하였다.

"만약 사리를 얻게 되면 마땅히 탑을 세우겠다."

21일이 지나 마침내 사리를 얻게 되었는데 오색이 하늘에 가득 비치고 깨보려고 해도 끄떡없었고, 불에 태워 보았으나 타지 않았고, 광명이 찬란하게 궁전을 밝게 비추었다. 군주와 신하가 모두 경탄하였고 이에 믿음이 생겨 탑을 세우게 되었으며, 사람들을 제도할 수 있도록 절을 세웠다. 그곳을 불타리(佛陀里)라 칭하였으며, 교법이 여기서 처음 일어났으므로 마침내 건초사(建初寺)라 이름하였다. 얼마 후 오나라 군주가 상서령(尙書令) 감택(闞澤)에게 물었다.

"후한 명제(漢明) 이후 무릇 몇 년이나 되었는가? 불교가 한(漢)에 들어온 지 이미 오래되었는데 무슨 까닭에 이제야 비로소 강동(江東)에 이르게 되었는가?"

감택이 답하였다.

"후한 때(67년) 불교가 처음 들어온 이래 지금(241년)까지 170년이 되었습니다. 71년에 오악(五嶽)을 대표하는 도사들과 불교인이었던 가섭마 등이 도력을 겨뤘을 때 도사들이 뜻대로 되지 않자 이들 중 남악의 도사였던 저선신과 비숙재 등은 스스로 분해하며 죽었습니다. 문도(門徒)의 제자들이 남악에 모셔 장례를 치렀습니다. 그 후로는 출가하는 자도 없었고, 불법을 유포하는 자도 없었습니다. 그 후 후한 정부가 쇠약해지며 전쟁이 끊이지 않고 지금까지 여러 해가 되어 이제야 비로소 불법이 흥하기 시작한 것입니다."

또 오나라 군주가 물었다.

"공자와 노자를 부처에 비교할 수 있는가?"

감택이 말하였다.

"신이 듣건대 노나라의 공자는 뛰어난 영재로서 성덕(聖德)이 출중하여 세상에서 소왕(素王)이라 칭합니다. 경전을 만들고 기술(記述)하였으며, 주(周)왕조의 도(道)를 훈도하고 장려하였고, 제자들을 교화하여 사유(師儒)의 기풍을 윤택하게 하였습니다.

또 『허성자(許成子)』, 『원양자(原陽子)』, 『장자(莊子)』, 『노자(老子)』 등 은거한 인물들의 책에서도 모두 수신(修身)을 말합니다만, 그들은 스스로 산과 골짜기에서 마음대로 유쾌하게 노닐며, 그 배우는 바가 고요함에 돌아가고, 행하는 바가 인륜과 장유(長幼)의 절도에 어긋나 있어 또한 세속 교화의 분위기를 불안하게 합니다. 전한(前漢) 경제(景帝) 때에 이르러 『황자(黃子)』, 『노자(老子)』의 가르침이 더욱 체계화되면서 그 책들을 경전이라고 고쳐 부르고 비로소 도학(道學 : 黃老學)을 세웠습니다. 그리하여 황제는 칙령을 내려 조야(朝野)가 모두 그 책을 외우도록 하였습니다.

만약 공자·노자의 이교(二敎)를 불법(佛法)에 비교한다면, 차이가 큰 것으로 보면 큰 것입니다. 왜냐 하면 공자와 노자의 가르침은 하늘을 본받아 문물제도를 제정하고 사용하며 감히 하늘을 거스르지 않습니다만, 모든 부처님께서 가르침을 설하시면 하늘이 법대로 봉행하여 부처님을 거스르지 않습니다. 이로써 말한다면 실로 비교할 상대가 되지 않습니다."

물음과 해명 ⑥

부처에 대한 이해에는 역사적 사실에 문학적 상상력이 덧붙여지기도 했다. 인도에서부터 그런 경향이 있었다. 아마도 부처의 사후에 부처를 신격화하게 되면서 나타난 특징이었을 것이다. 나아가 동아시아에서도 그러한 경향이 나타난다. 다음에서 이것을 확인해 볼 수 있다.

부처는 모두 세 가지 형태가 있다. 첫 번째는 진리 그 자체라는 의미의 법신(法身), 두 번째는 수행을 통해 각자 얻게 되는 결과로서의 자신을 의미하는 보신(報身), 세 번째는 이 세상에 출현한 모습이라는 의미의 화신(化身)이다.

지금의 석가모니불은 법신이 오래도록 증득되고 보신이 오래도록 이루어진 것이며, 지금 출현한 것은 화신일 뿐이다. 이를테면 과거에 석가불께서 깨달음을 추구하는 마음 즉 보리심을 내어 그 명호(名號)가 같기를 서원하였기에, 지금 성불하고서도 명호를 '석가'라 하는 것이다. 오랜 시간 동안 수행하며 헤아릴 수 없는 많은 부처를 받들다가 마침내 스스로도 부처가 되었다.

석가는 부처가 되겠다고 맹세한 후 불사여래(弗沙如來)를 만나 7일 동안 우러르며 날마다 새롭게 게송으로 찬송하였는데, 이로써 맹세했던 다른 사람들보다 좀 더 빨리 도를 이루게 되었다. 성불하려는 때에 도솔천(兜率天)에 태어났으며, 이때는 보명보살(普明菩薩)이라 이름 하였다. 저곳에서의 천수(天壽)를 다하고 이 세상으로 하강하여 흰 코끼리를 타고 모태의 오른쪽 옆구리로 들어가셨다.

그 모친인 마야(摩耶)부인이 흰 코끼리를 품은 꿈을 꾸었다. 범선(梵仙)이 점을 치며 "만약 해와 달의 꿈을 꿨다면 국왕이 태어나고, 만약 흰 코끼리를 꿈꾸었다면 성자(聖子)가 태어나리라"고 예언하였다. 이윽고 아이가 비로소 태어났으며, 이 분이 바로 정반국왕(淨飯國王)의 태자이시다. 이름은 실달다(悉達多)인데, 조부의 이름은 사자협(師子頰)이고 아버지의 이름은 정반(淨飯)이며, 어머니는 마야(摩耶)라 부른다. 그 왕족은 대대로 전륜왕(轉輪王)이 되었는데 성이 구담씨(瞿曇氏)이며, 석가라고도 하였다.

천부적으로 영명해서 비록 세상의 즐거움을 알더라도 욕망(欲望)에 얽매이지 않았다. 나라의 사방을 다니면서 늙고 병들고 죽은 자와 어떤 출가한 수행자인 사문을 보고서 궁중으로 되돌아와 깊은 생각에 빠졌다. 홀연히 한밤중에 천신(天神)의 도움을 받으며 자신의 보마(寶馬)에 올라타고 성을 넘어 출가하셨다. 6년간 고행한 끝에 그러한 고행이 올바른 방법이 아님을 깨닫고 바로 정관(正觀)에 의지하여 깨달음을 얻으셨다.

이때 소를 치는 여인이 우유를 끓여 죽을 만드는데 갑자기 높이 끓어오르자 소치는 여인이 놀라워하면서 그 보살에게 바쳤다. 보살이 이를 잡숫고 기력이 충만해져 강에 들어가 목욕하고 기슭으로 오르는데 나무가 저절로 가지를 드리워 보살을 위쪽으로 인도하였다. 보살이 여기서 길상초(吉祥草)를 따다가 보리 수 밑에 앉자, 악마가 이를 보고 노여워하는 마음을 내면서, "이 사람은 내 세계를 텅 비게 하려 한다"고 말했다. 그리고 곧바로 18억만 명의 무리들을 이끌고 여러 가지 고구(苦具)를 가져다가 보살을 겁주면서 급히 일어나 오욕(五欲)의 즐거움을 받도록 재촉하였다.

다시 묘의천녀(妙意天女) 세 사람을 보내어 보살을 유혹하였는데, 이때에 성의자정(聖意慈定)이라는 명상에 들어가 연민하는 마음을 내자, 악마의 군대인 마군(魔軍)이 자연히 흩어져 물러가 버렸고 세 사람의 묘의천녀는 영귀(癭鬼)로 변하였다. 마군이 항복하자 2월 8일에 환한 모습이 나타나며 정각(正覺)을 이루셨다. 이미 성불하고서 중생의 근기를 관찰하고는, 저들은 작은 이치만 좋아해서 큰 이치를 감당하지 못함을 알고, 큰 가르침을 받아들일 수 있을 만한 사람들을 찾아 바라나국(波羅奈國)으로 가서 교진여(憍陳如) 등의 다섯 사람을 제도하였다.

다시 한때 도리천(忉利天)으로 올라가 90일 동안 안거하면서 모친에게 설법하였다. 이때 우전국왕(優闐國王)과 바사닉왕이 부처의 덕을 사모하여 전단나무에 새기고 모포에는 부처님의 모습을 그려서 완성하였다. 이후 부처께서 도리천에서 내려오시자 이룩한 성상(聖像)들이 모두 일어나 자리를 비켰다. 부처께서 그 정수리를 어루만지시며 "네가 미래세에 불사(佛事)를 잘 이룩하라"고 말씀하셨으니, 불상(佛像)은 이때부터 생겨났다.

교화의 인연이 끝나갈 무렵에 그 무리들이 권태로워 하자, 부처께서 바로 대중에게 "앞으로 3개월 후에 내가 열반에 들 것이다"라고 말씀하셨다. 다시 후사를 기약했으며 그 일은 경전에 그대로 갖춰져 있다.

그러나 여래의 실다운 몸은 언제나 있으면서 없어지지 않는 것이다. 이 때문에 『법화경』에서는, "영취산과 여타의 여러 장소에 언제나 계신다."고 말한다. 지금 태어나고 멸하는 것은 부처의 화신으로서 그들을 제도하고자 그 부류와 같이 화현하였으며 이것이 이 삶을 받은 이유다. 다시 변하여 사라진다는 것을 알게 하였으며 이것이 죽음을 보인 이유다. 다시 말해 중생의 근기가 성숙했으므로 탄생했었고, 중생의 감득이 다했으므로 사라지게 된 것이다.

부처께서 열반하신 후에 사람과 하늘이 공양하면서 여러 가지 보탑을 이룩하였으며, 대가섭은 천 명의 아라한을 소집하여 법장(法藏)을 결집하였다. 아난이 전해지지 않던 구전(口傳)을 공개하여 결집시키고 남김없이 외워내는 것이 마치 병속의 물을 다른 그릇에 조금도 새지 않고 따르듯 하였다. 백 년 후에 철륜왕(鐵輪王)이 있었으며 그의 이름은 아소카였다. 그는 또한 아육(阿育)이라고도 불렸는데 귀신을 부려서 하루 만에 천상과 인간 세계에 8만 4천 개의 사리보탑(舍利寶塔)을 이룩하였다. 이때 부처님의 유물인 옷과 발우와 석장 등과 여러 사리가 신비롭게 변한 것은 참으로 하나 둘이 아니었다.

한나라 명제(明帝)가 꿈에서 감응하여 금빛으로 태양처럼 환히 빛나는 모습을 본 것에 이르기까지, 하나같이 석가의 본래 모습과 같다. 또 오나라 군주 손권(孫權)이 사리를 불태우고 철퇴로 내리쳤어도 변하거나 부서지지 않았고, 또한 석상(石像)이 강물에 뜨는 등 영험한 일들은 이루 말할 수 없다.

토론주제

1. 부처는 신(神)인가 인간인가?

2. 공자와 노자가 부처와는 비교도 되지 않는다고 한 이유는 무엇이며, 이러한 비교가 타당한가?

3. 부처에 대한 다양한 설명들을 통해서 알 수 있듯이 부처는 자신의 해탈 뿐 아니라 모든 사람들의 해탈을 성취하기 위해 노력한 존재였다. 이는 자신도 이롭고 타인도 이로운 행위이다. 현실에서 자신도 이롭고 타인도 이로운 이러한 행위의 사례가 있는가?

참고문헌

도선(道宣), 『광홍명집(廣弘明集)』 1·2, 이한정 옮김, 동국역경원, 1999.

도선(道宣) 외, 『집고금불도논형(集古今佛道論衡) 외(外)』, 박건주 외 옮김, 동국역경원, 1999.

승우(僧祐), 『홍명집(弘明集)』, 장계환 역, 동국역경원, 2001; 개정판, 2008.

진리의 몸은 존재할 수 있는가

– 법신론(法身論) –

시작하는 말

중국과 한국 등 동아시아 사유전통에서 몸(身)은 보통 물질성, 연장성을 갖는 육체를 의미한다. 반면 인도의 불교 전통에서는 이와 별개로 물질성, 연장성을 갖지 않는 진리 그자체로서의 몸, 즉 법신(法身)을 말한다. 동아시아의 전통적 인간관에서 몸에 대한 이같은 이해는 당연히 매우 생소한 것이었다.

불교의 동아시아 유입 초기 중국 승려 혜원(慧遠, 334~416)은 인도 승려 구마라집(鳩摩羅什, 344~413)에게 법신의 존재론적 토대와 양태 및 실천론적 기능 등에 대해 강하게 의문을 제기한다. 이들의 대화에서는 4세기말 인도와 중국 불교도 사이의 인간 이해에 대한 차이를 확인할 수 있다.

법신의 존재론

중국고대의 인간관에서 궁극의 이상적 존재는 진인(眞人), 신인

(神人), 성인(聖人) 등으로 불린다. 『장자』에서는 도(道)를 체득하여 불로불사(不老不死)를 얻어 천상에 왕래하는 신선(神仙)이 설해지며, 이는 진인, 신인이라는 개념으로도 표현된다. 이들은 보통사람의 경지를 초월해 있으며, 천상의 진리(天道)의 구현자로서, 또는 천상의 진리를 인간계에 열어 보이는 활동 즉 천(天)과 인(人)을 소통시키는 역할을 하는 존재이다. 이들에게는 통상의 인간계를 초월한 세계에 관여한다는 의미에서 신비적 색채가 인정되는 것도 사실이지만 이들은 기본적으로 육체적인 몸을 갖는 존재이다.

한편 불교에서 말하는 법신(法身)은 진리(法)의 몸(身), 즉 진리를 몸으로 삼고 있는 존재를 의미하는데, 부파불교의 설일체유부에서는 부처가 설한 가르침이나 능력을 법신이라고 불렀다. 또 대승불교에서는 절대적인 진리를 법신이라고 불렀으며, 법신은 색깔도 형태도 없는 진리 그 자체로서의 몸으로 묘사되었다. 이렇게 볼 때 법신 개념은 부처에 의해 확인된 진리나 그의 능력에 신체성·인격성을 부여하는 의인화 과정의 산물이라 할 수 있다.

그러나 중국의 불교도들에게 생신과 별도로 상정된 법신이라는 개념은 수용이 쉽지 않았던 듯하다. 몸은 곧 물질성과 형상성을 본질로 한다는 사유전통에서 그 존재론적 근거에 대한 의문의 제기는 당연하다. 따라서 혜원은 먼저 법신이란 무엇이며 그것은 육체적인 몸인 색신(色身)과 어떤 차이가 있는가를 묻는 것이다.

> 법신으로서의 부처(法身佛)가 보살을 위해 경전을 설할 때 법신으로서의 보살(法身菩薩)은 비로소 그를 볼 수 있게 된다고 한다. 그렇다면 법신에도 흙·물·불·바람의 사대 요소(四大)와 눈·귀·코·혀·피부의 다섯 감각기관(五根)이 있다는 말이 되는데, 법신은 색신과 어떤 차이가 있는가? 『반야경』에서는 법신은 생멸하지 않으며

열반과 같다고 하는데 어떻게 설법을 하거나 눈에 보인다는 것인가?(慧遠, 羅什, 『鳩摩羅什法師大義』, 『大正藏』 45, 122c.)

즉 진리를 몸(법신)으로 삼는 부처가 있어서 그가 설법을 하거나 누군가의 눈에 그 모습이 포착되는 존재라고 한다면, 그에게도 혀를 비롯한 감각기관들을 갖춘 형상이 있다는 것이고, 따라서 그 몸은 물질로서의 사대를 토대로 이루어진 것이라는 말이 되어, 육체로서의 몸(색신)과 다르지 않지 않은가라는 것이다.

혜원의 이같은 질문에 대해 구마라집은 법신이란 지·수·화·풍 사대에 의한 것이 아니며 따라서 색신과는 다르다고 말한다.

부처의 법신은 변화에 의해 발생한 존재((化生)와 같으며, 여기에 사대·오근은 없다. 만들어진 것으로서의 물질적 존재(造色)는 사대에 토대해 있지만, 물질(色)에 의하지 않는 존재는 그렇지 않다. 예로 거울속의 형상이나 물에 비친 달에는 언뜻 물질의 특징이 있는 것처럼 보이지만 거기에는 감촉(觸)의 성질 등이 없기 때문에 물질적 존재가 아니다. 변화에 의한 존재(化生)도 이와 마찬가지이다.(『鳩摩羅什法師大義』, 『大正藏』 45, 122c.)

구마라집은 법신을 변화에 의해 발생한 존재(化生)로 설명한다. 여기에서 변화(化)란 신통력이나 수행의 결과 등에 의해 홀연히 어떤 존재가 탄생(生)하는 것으로, 대승불교에서 변화에 의한 존재의 발생 사례는 공(空)의 설명과 관련해 종종 비유적으로 제시되며, 거울속의 형상과 물속의 달이 그 구체적 사례이다. 구마라집은 이 '화생'의 개념을 통해 법신을 설명하는 것이다.

구마라집의 이같은 답변에 대해 혜원은 여전히 납득하지 못하는 듯하다. 그는 다시 색법이란 무엇인가, 거울속의 영상이나 물에 비친 달의 존재는 어떻게 이해해야 되는가라고 되묻기 때문이다.

> 경전에는 '사대는 물질적 존재(色法)를 만들 수 있다'라고 설해진다. 물질적 존재는 반드시 형상이 있고 형상이 있는 곳에는 반드시 물질적 존재가 있을 것이다. 거울속의 영상이나 물에 비친 달은 형성된 물질적 존재일 것이며, 물질적 요소(色蘊) 속에 포함될 것이다. 그런데 거울속의 영상이나 물속의 달이 형상은 있지만 물질적 존재는 아니라고 한다면 그것은 경전에 없는 불합리한 말이 되며, 아비달마의 교설들은 잘못된 무용한 것이 되고 말 것이다.(『鳩摩羅什法師大義』, 『大正藏』 45, 131b.)

혜원에 의하면 물질적 존재(색법)란 사대에 의한 것이며, 따라서 그것은 형상, 즉 연장성(延長性)을 본질로 하는 것이다. 그렇다면 거울속의 영상 등도 형상이 있다는 점에서 물질적 존재임이 분명하며, 연장성을 갖는 것이 아닌가라는 것이다. 이에 대해 구마라집은 아비달마불교와 대승불교의 두 관점에서 답한다.

먼저 그는 아비달마 설일체유부의 존재론에 의거해 거울속의 영상 등은 물질적 존재라고도 아니라고도 말할 수 있음을 밝힌다. 설일체유부의 논서에서는 지·수·화·풍 사대는 다른 물질적 요소(色)를 형성하므로 형성주체(能造)라고 하며, 이 사대에 의해 만들어진 것은 형성대상(所造)이라고 한다. 현상계의 존재는 형성주체인 지·수·화·풍과 형성대상인 색·향·미·촉 여덟이 조합하여 성립된 것이다.

그런데 이 여덟의 조합에는 법칙이 있다. 즉 ①향이 있는 것에는 반드시 색·향·미·촉 넷이 있으며(地), ②미가 있는 것에는 반드시 색·미·촉 셋이 있으며(水), ③색이 있는 것에는 반드시 색·촉 둘이 있으며(火), ④촉이 있는 것에는 반드시 촉이 있다(風). 따라서 거울이나 물에 비친 그림자 등은 언뜻 물질적 요소(色)처럼 보이지만 거기에는 형성대상인 색·촉이 없기 때문에 '색이 있는 것에는 반드시 색·촉이 있다'라는 ③의 원리를 충족하지 못하므로 물질적 요소(色)가 아니다. 즉 거울속의 영상이나 물에 비친 달은 눈으로 볼 수 있는 색깔·모양을 갖는 대상으로서의 특징은 있으나 소리·향기·맛·감촉을 갖는 대상으로서의 특징은 없는 경우에 해당하며, 따라서 색깔·모양을 갖는 대상으로서의 특징 하나만으로는 물질적 존재라고 말할 수 없는 것이다.

또 거꾸로 거울속의 영상이나 물에 비친 달은 물질적 존재라는 해석도 가능하다. '모든 물질적 존재는 사대 및 사대에 의해 형성된 것이다'라는 교설에 의거하면 거울속의 영상도 예외일 수는 없다. 다만 그것은 포괄적 언표일 뿐이며 실제로는 사대 가운데 셋이나 둘, 또는 하나만인 경우도 있으며, 사대에 의해 형성된 것 가운데에도 마찬가지인 경우가 있을 수 있기 때문이다. 따라서 거울속의 영상이나 물에 비친 달은 색깔과 모양만 있는 경우에 해당한다. 이같은 관점에서는 거울속의 영상이나 물에 비친 달은 물질적 존재인 것이다.

다음으로 대승불교의 관점에서 본다면 거울속의 영상 등은 실체가 없는 존재, 즉 공(空)이어서 물질적 존재 여부의 차원을 떠나있다. 즉 거울속의 영상 등은 사람들로 하여금 유(有)에 집착하지 않게 하려고 든 공(空)의 비유이다. 부처는 일체의 물질적 존재는 모두 잘못 인식된 것으로서, 그것은 붙잡을 수도 없으며, 불변의 성질도 없으며, 궁극에 있어서는 텅 비어 작용성이 없는 것이라고 하였다. 물질적 존재에 대한 경전들의 다양한 언급은 사람들의 이해력에 맞춰서 설해진 것이며, 따라서 지혜의 눈을 가진 성인이나 대상을 있는 그대로 보는 보살들에게 물질적 대상에 대한 형상적 인식이 있다고는 말할 수 없다.

그렇다면 구마라집에 있어 법신의 존재론적 토대는 무엇일까? 이에 대해 구마라집은 법신은 부처의 과거 수행, 법의 본성(法性) 등의 결과로 탄생한 몸이라고 한다. 그것은 번뇌와 업의 결과로서 탄생한 몸과는 다르며, 이같은 몸은 불생불멸을 특징으로 한다고 말한다.

> 『대지도론』에서는 법신은 '변화에 의해 탄생한 몸', '수행·법성(法性)에 의해 현현한 몸'이라고 한다. 부처의 법신은 욕망을 본질로 하는 사람들의 세계, 육체를 갖는 사람들의 세계, 육체를 떠난 사람들이 세계 모두를 초월한 것으로, 감각·언어·마음의 활동이 없으며, 한없이 깨끗한 공덕과 과거의 수행에 의해 형성된 것이며, 열반과 마찬가지로 영구불변하다.(『鳩摩羅什法師大義』, 『大正藏』 45, 122c.)

한편 그럼에도 불구하고 혜원은 물질성·연장성을 전제하지 않는 몸으로서 법신의 설정에 대해 끝내 납득하지 못한 듯하다. 그는 다시 지·수·화·풍 사대 없이 어떻게 법신의 몸이 구성될 수 있는 것인가를 다음과 같이 묻기 때문이다. 근원적 무지(無明)를 전제로 하지 않고 몸을 갖는 인간의 탄생을 말할 수 없다. 즉 미혹의 세계에서 과거 행위의 결과로 몸을 받아 태어나는 것은 번뇌에 의하며, 법의 본성(法性)에 의해 몸을 받아 태어나는 것은 번뇌의 남은 영향력에 의한다. 즉 번뇌가 되었건 번뇌의 남은 영향력이 되었건 탄생의 토대가 없을 수는 없으며 그것이 소멸하면 다시 몸을 받아 태어나는 일은 없다. 그렇다면 법신의 탄생의 존재론적 원인인 번뇌의 남은 영향력이란 어떤 것인가?

법의 본성에 의해 태어난 몸(法性生身)의 원인이 법이라면, 그때 법이란 어떤 것인가? 만약 그 법이 진실한 모습(實相)에 부합하는 것이라면 거기에는 번뇌의 찌꺼기가 전혀 남아있지 않을 터인데, 그렇다면 무엇에 의해 생을 받는다는 것인가? 번뇌나 번뇌의 남은 찌꺼기가 소멸한 뒤에 다시 몸을 받는다는 일은 결코 있을 수 없다.

'태어난다'라는 말은 근원적 무지(無明)가 있기 때문에 가능한 일이다. 그렇다면 존재의 불생불멸에 대한 진리(無生法忍)를 성취한 보살이 법의 본성에 의해 몸을 받을 때, 어떻게 그것이 가능한가? 그는 번뇌가 소멸하여 존재에 대한 애착도 없으므로 그 습관의 남은 찌꺼기도 없을 것이며, 설령 있다고 해도 기능하는 일이 없을 것이다. '몸을 받는다'는 것은 무엇을 의미하는가?(『鳩摩羅什法師大義』, 『大正藏』 45, 123b)

즉 혜원은 법의 본성(法性)에 의해 부처의 몸이 성립한다고 하는데 이때 법(法)이란 무엇을 말하며 태어난다는 것은 어떤 의미인가라고 묻는 것이다. 이에 대한 구마라집의 답은 다음과 같다.

여기에서 법이란 번뇌가 없는 공덕 및 이에 관한 교법을 지칭한다. 대승불교에서는 모든 법은 본질에 있어 생멸하는 일이 없고, 개념적 파악이나 사유의 층위를 떠나 있으며, 조건에 의한 것이 아니며, 열반의 속성과 같은 것으로 알려진다. 또 이 법에 의해 몸을 받아 태어난다는 것은 보살에게는 무분별한 애착은 없지만 부처가 설한 가르침에 대한 애착은 있기 때문이다. 즉 그는 존재의 불생불멸에 대한 진리를 성취하고서도 곧바로 부처가 되지 않고, 육체를 버리고 법신의 몸을 받는다. 이 법의 본성에 의해 태어난 몸은 삼계의 번뇌는 소멸했으나 성불하지 않은 중간 단계의 몸으로서 어떤 세계에도 속하지 않으며, 중생구제의 목적으로 인해 몸을 드러내는 것이다.(『鳩摩羅什法師大義』, 『大正藏』 45, 123c.)

법신의 기능론

일반적으로 어떤 것의 작용·기능의 힘은 그 주체의 존재나 실재를 전제로 한다. 몸을 전제하지 않고 그 활동을 말하는 것은 쉽지 않다. 몸의 실재성에 대한 강한 믿음을 갖는 혜원이 법신의 기능과 목적에 대한 의문을 제기하는 것은 당연하다. 그는 진리를 몸으로 하는 보살(法身菩薩)에게 사대와 오근이 없다면 그의 활동 역시 성립하지 못함을 지적한다. 혜원은 법신보살의 중생구제를 위한 활동성 역시 사대·오근을 중심으로 한 물리적 신체에서 찾고 있는 것이다.

법신보살에게 사대와 오근이 없다고 한다면 미묘한 신통력의 작용도 근거를 잃게 된다. 만약 법신이 기능하여 범부에게 감응하려면 반드시 몸이라는 수단이 필요하다. 몸이라는 수단을 통해 행하는 작용에서 신통력만큼 뛰어난 것은 없다.(『鳩摩羅什法師大義』, 『大正藏』 45, 129c.)

혜원에 의하면 몸의 지각활동 가운데에서는 오근의 활동이 가장 활발하며, 오근의 작동 방식으로서는 신통력이 가장 뛰어나다. 법신보살의 신통력의 근원을 추적해 보면 그것은 사대에서 온 것이다. 사대에 의해 몸이 형성되면 그 활동은 오근에 의해 이루어지고 오근이 작동하면 그 활동은 신통력에 의해 확충된다. 신통력에 의해 작용이 확충되면 모든 경우에 중생에 감응한다. 그런데 법신보살에게 사대와 오근이 없다고 한다면 신통력의 작용도 토대를 잃게 된다.

구마라집은 혜원의 이같은 의문에 대해 '법신에 사대와 오근이 없다라는 말은 범부에 있어서와 같은 거친 존재로서의 몸이 없다는 것을 의미한다'라고 답한다. 즉 법신은 유·무의 분별이나 차별을 초월한 존재의 모습을 체득한 사람의 몸을 일컫는 것이므로 유·무의 분별이나 차별적 관점에서 접근하는 것은 잘못이라는 것이다. 그는 또 '신통력은 수행이나 그 결과, 중생구제의 원력 등에 바탕을 둔 것이어서 반드시 사대와 오근이 그 토대라고는 할 수 없다'라고도 한다.

> 고요하고 청정한 존재의 모습을 체득한 몸은 미세하므로 사대·오근이 없다고 하는 것이다. 그 몸 자체에는 미세한 사대·오근과 신통력이 있지만 성문이나 미혹된 마음의 사람이 볼 수 있는 것은 아니며, 보살의 눈을 얻게 되면 비로소 볼 수 있다. 또는 사대·오근이 반드시 신통력의 근본이라고 하는 것도 불가능하며, 보살의 법신은 자신의 힘에 의해 중생에 감응하여 몸을 드러낸다고도 할 수 있다. 또 신통력은 수행에 의해 달성되는 경우와 과보에 의해 달성되는 경우가 있다.(『鳩摩羅什法師大義』, 『大正藏』 45, 130a.)

한편 혜원의 입장에 서면 법신의 목적과 대상 역시 문제가 된다. 즉 『대지도론』(『大正藏』 25, 278a) 등에는 '법성신불이 설하는 가르침은 십주(十住)의 단계에 이른 보살을 제외한 삼승의 사람들은 간직하거나 들을 수 없다'라는 취지의 내용이 보인다. 혜원은 이같은 내용을 근거로 법신이 십주의 보살에게만 보인다면 어떻게 중생구제의 활동이 가능하겠는가라고 묻는 것이다.

> 부처의 참된 법신은 정교함과 조야함의 차이조차 벗어나 있어 십주의 보살만이 볼 수 있다고 한다면, 그는 누구를 인도하기 위해 형상을 드러내는 것인가?(『鳩摩羅什法師大義』, 『大正藏』 45, 125b.)

구마라집의 답은 다음과 같다. 법신은 과보에 의해 탄생한 몸이 아니므로 오근이 없다. 평등의 진리를 깨달은 자에게는 몸과 마음에 있어 차별적 형상이란 없다. 그러나 중생들은 자기 방식으로 부처의 몸을 본다. 부처의 몸을 확정적인 형상이라고 규정해서는 안 된다. 부처의 몸은 궁극적으로는 본성이 공(性空)한 것으로, 그러함(如), 법의 본성(法性)이라고 하는 것과 같다. 부처의 몸은 미묘하여 추함, 더러움 등은 없지만 중생을 위해 나타나는 형태가 다르다. 부처의 몸의 공덕에 차이가 있는 것은 아니며, 중생들이 착각 때문에 보지 못하는 것이다.

> 부처의 법신은 일정한 제약이 없으며, 자유자재로 중생에 의해 현현하며, 그 신비스러운 힘은 불가능한 것이 없다. 중생들은 각자 자신의 능력과 생각에 따라 부처를 보고 듣고 한다. 십주보살에게만 참된 법신이 보인다는 말은 그들의 공덕을 칭찬하기 위해 한 말이다.(『鳩摩羅什法師大義』, 『大正藏』 45, 125c.)

물질적 존재(色法)의 실재성

『아비담심론』, 『구사론』 등 설일체유부의 논서에서는 모든 조건에 의해 형성된 존재(有爲法)의 변화 양상을 생성·상주·변화·소멸

(生·住·異·滅)의 네 가지 양태(四相)를 통해 설명한다. 즉 설일체유부는 존재의 본체는 영원히 존재한다(法體恒有)라는 입장에서 존재의 본체 그 자체의 생멸 변화는 인정하지 않지만 네 가지 양태의 층위에서는 일체의 유위법은 한 찰나 동안 생·주·이·멸한다고 말함으로써 유위법의 무상성을 논증하는 것이다. 『중론』, 『대지도론』 등 중관학파의 논서들에서 이에 대한 집중적인 비판이 가해지고 있음은 널리 알려진 바와 같다. 혜원은 상치되는 이들 두 이론체계 사이에서 자신의 이해를 정립하지 못하고 방황한다.

> 『아비담심론』에는 '네 가지 양상 각각은 네 가지 양상과 수반하는 양상(隨相; 生生·住住·異異·滅滅)을 행하고, 수반하는 양상 각각은 하나의 양상(一相)을 행한다. 이 두 양상의 상호작용이 무한히 계속된다라는 비난은 정당하지 않다'라고 설해진다. 그런데 『대지도론』에서는 '만약 생이 생을 발생시키는 것이 가능하다면 그 생 자체에도 또 생이 있을 것이다. 만약 그 생에 또 생이 있다면 저 생을 발생시킨 것을 생하게 하는 것이 있을 것이다. 이와 같이 해서 무한히 계속되게 된다'라고 한다. 만약 무한하다고 하면 조건이라는 것에는 끝이 없게 된다. 반면 만약 끝이 있다고 한다면 조건이 발생하는 계기를 잃게 된다.
>
> 또 이들이 원인으로 작용할 때 그것은 동시적인가 이시(異時)적인가? 만약 생과 멸이 동시적이라고 한다면 둘은 본성상 서로 다르므로 멸의 시점에 생하거나 생의 시점에 멸할 리가 없다. 만약 전후의 차이가 있다고 한다면 생의 시점에 멸은 없고, 멸의 시점에 생은 없을 것이다.(『鳩摩羅什法師大義』, 『大正藏』 45, 135a.)

『아비담심론』의 입장을 취한다면 생이 생을 발생시키고, 생한 생이 또 생을 발생한다면 무한반복의 오류에 빠지게 되며, 『대지도론』의 입장을 취하여 끝이 있다고 해도 조건이 성립하지 않게 되는 오류에 빠지게 된다. 또 네 가지 양상 상호의 인과관계가 동시라고 해도 이시라고 해도 논리적 모순이 발생한다. 『아비담심론』과 『삼법도론』 등을 통해 설일체유부의 존재론을 학습한 혜원은 존재 변화의 네 가지 양상의 이해에 있어 설일체유부의 관점에서 실체화하여 논하는 듯하다. 이는 구마라집의 답변 내용을 통해서도 반증된다. 즉 구마라집은 그같은 이론은 부처의 가르침과는 무관하며 따라서 그러한 잘못된 생각에는 답할 가치도 없는 것이라고 비판하는 것이다. 아울러 구마라집은 네 가지 양상의 공성을 말하여 혜원의 의혹을 해소시킨다.

> 부처는 '생·주·이·멸은 다만 이름이 있을 뿐 정해진 양상이 있는 것이 아니다', '생은 결국 공이며 다만 미혹한 범부의 마음에 지나지 않다'라고 설한다. 생의 변하지 않는 양상은 없으므로 존재가 생하는 일은 없다. 원인 속에 존재가 있다고 한다면 그것은 원인이 존재를 발생했다고 할 수 없으며, 원인 속에 존재가 없는 경우는 존재가 원인이 없는 곳에서도 무작위로 발생하게 된다. 생·주·이·멸이 동시라고 한다면 조건이 없게 되어 만물은 각자 스스로 태어나지 않으면 안 된다.(『鳩摩羅什法師大義』, 『大正藏』 45, 135b)

혜원은 '조건(因緣)이 발생하는 것은 진실한 존재(實法)로부터 발생한다.'라고 하여 설일체유부적 사고를 전제로 존재의 생성을 이해한다. 그러나 그는 동시에 사대와 사대에 의해 형성된 것을 진실한 존재(實法有)로 규정하는 설일체유부의 존재론과 그 무엇도 조건 없이 발생하는 것은 없다라고 하는 『대지도론』 등, 아비달마와 대승의 경론들에 보이는 존재의 실재와 비실재에 관한 상반된 주장들 속에서 자신의 이해를 정립하지 못하고 당혹해 하는 듯하다. 그는 구마라집에게 진실한 존재와 조건적 존재(因緣有) 사이의 개념적 차이를 묻고 있기 때문이다.

> 색·향·미·촉은 실재하는 존재(實法有)이며, 우유·요구르트는 조건적 존재(因緣有)다라는 주장이 있다. 그런데 색·향·미·촉은 사대에 의해 만들어진 물질적 존재이며, 사대에 근거하는 이상 그것은 실재하는 존재가 아니라 조건(因緣)이라 할 수 있다. 또 논서에 '일체의 존재는 모두 정해진 모습(相)이 없다'라고 하여 신통력에 의해 사대의 모습을 바꿀 수 있다고 하는 것으로 볼 때 사대(四大) 역시 조건이라고 할 수 있다. 이처럼 발생하는 것은 모두 조건이 있는 것이라고 한다면 조건과 실재 존재는 어떤 점에서 차이가 있는 것인가?(『鳩摩羅什法師大義』, 『大正藏』 45, 136b)

이에 대한 구마라집의 답은 명료하다. 즉 색·성·향·미·촉은 진실한 존재이며 우유 등은 조건적 존재다라는 것은 소승 논서의 주장일 뿐이다. 이같은 교설은 대기설법의 차원에서 방편적으로 설해진 것이다. 대승에서는 자아의 공(衆生空)과 더불어 존재의 공(法空)을 설한다. 즉 조건에 의해 발생한 모든 존재는 스스로의 본성(自性)이 있는 것이 아니며, 궁극에 있어 공적하다.(『鳩摩羅什法師大義』, 『大正藏』 45, 127a.)

그렇다면 물질적 존재의 토대인 사대와 사대에 의해 형성된 것의 경우는 어떠한가? 더 이상 분할 불가능한 물질의 최소 요소로서 극미(極微)를 설정하여 그 실재성을 주장하였던 설일체유부의 존재론은 아비달마불교의 대표적 이론이다. 현상계의 구체적 물질들은 일종의 원자인 극미가 집합하여 형성된 것으로, 여기에는 적어도

지·수·화·풍 사대와 색·향·미·촉 사진(四塵)이 참여해 성립한다는 것이다. 혜원은 현상계의 구체적 물질들의 구성요소로서 설정된 극미의 실재성에 대해 구마라집에게 묻는다.

> 극미설(極微說)에 의하면 극미는 색·향·미·촉으로, 이것들은 실재하며 개념상의 존재가 아니다. 따라서 존재를 분석하여 조건에 의한 존재(因緣有)의 공에는 이를 수 있지만 아무리 분석해도 극미 그 자체는 부정할 수 없으므로 진실한 존재(색·향·미·촉)의 공에는 미치지 못한다. 그러나 이같은 존재론은 결국 상견에 떨어지게 된다. 그렇다고 진실한 존재가 없다고 한다면 역으로 단견에 떨어지게 된다. 한편 불교에서는 조건적 존재에 대해서만 공관을 말하는 것이 아니다. 이는 극미를 개념상의 존재로 보기 때문인 것이 분명하다. 그렇다면 유·무의 궁극은 어디에 있으며 유도 아니고 무도 아닌 의미, 즉 중도(中道)란 무엇인가?

구마라집에 의하면 혜원의 이해는 여전히 유·무의 이분법을 벗어나지 못한 것으로서, 그는 혜원에게 다음과 같이 존재의 공(法空)이라는 중도적 이해를 요구한다. 부처의 가르침에서 극미의 존재는 설해지지 않으며, 물질적 존재는 거친 것이건 미세한 것이건 모두 무상한 것으로 설해진다. 지극히 미세한 것이란 없으며, 그것의 양상(相)은 파악되지 않기 때문이다. 존재의 공에 대한 교설에서는 요소들의 공을 설하며, 그것들은 꿈이나 환영 같아서 모습이 없기 때문이다. 색·수·상·행·식은 모두 개념상의 존재이다. 그럼에도 단견에 빠지지 않는 것은 본래 법 자체가 존재하지 않기 때문이다. 유·무, 비유·비무를 모두 버리고 일체법에 대해 대상적으로 인식하거나 탐착하지 말라는 것이 부처의 가르침이다. 유·무를 떠난 제3

의 법은 없다.(『鳩摩羅什法師大義』, 『大正藏』 45, 137b.)

그러나 혜원의 경우 세계인식의 방법론으로서 유와 무라는 개념틀은 쉽게 포기될 수 있는 것이 아니었다. 그는 다시 구마라집에게 법의 본성(法性)의 유·무를 묻기 위해 붓을 들기 때문이다.

맺는 말

중국인들에게는 공사상의 수용과정에서 현상계, 즉 직접적 구체성과 연장성을 갖는 물질적 존재의 실재성 문제를 어떻게 이해할 것인가, 그것과 공성과의 정합적 이해를 어떻게 확보할지가 관건이 되었다.

또 중국에서도 일정한 과정을 통해 일상적 차원을 초월한 능력이나 경지를 성취한 인간유형이 설정되기는 하지만 그것은 인도의 그것과는 다르다. 중국문화에서 몸이란 기본적으로 형상·형체를 갖는 것으로서 물질성·연장성을 본질로 하는 것이었다. 신선·선인·도인 등도 현생에서 신체를 갖는 사람 가운데 특별한 정신적·인격적 능력을 갖춘 사람이다. 더구나 그가 사람들을 향한 적극적 구제 활동을 한다는 것은 낯선 것이었다.

혜원은 '중국에서는 감각적 세계만을 전부라고 본다.'(慧遠, 「三報論」, 『大正藏』 52, 34c)라고 중국의 사유전통을 스스로 규정하고 있는 것처럼, 그가 반야·공의 사유로 온전히 이행하는 것은 쉬운 일이 아니었다. 그의 인간 이해에는 물질적 존재의 실재 및 유·무의 이분법적 사고가 전제되어 있으며, 그에게 몸이란 기본적으로 연장성·형상성을 본질로 하는 것이었기 때문이다. 그에게 법신의 존재는 여전히 생소한 것이었다.

'법신의 존재론적 토대, 즉 연장성을 갖는 물리적 신체와 별도로 몸이 상정될 수 있는가'라는 문제는 몸의 토대성·실재성과 관련하여 제기된 것이다. 혜원과 구마라집의 논의에서는 크게 세 가지 세계관이 확인된다. ① 중국의 현상 실재론, ② 설일체유부의 법(法) 실재론, ③ 반야·중관학파의 무자성·공의 이론이 그것이다. 혜원에게는 ①, ②의 세계관이 혼재된 상태로 드러나며, 이같은 혜원의 이해는 구마라집의 ③의 세계관에 의해 비판되고 극복된다.

즉 일체 존재의 공성 내지 유·무를 떠난 중도의 이념이 그 처방전이었다. 다만 구마라집의 답변에 대한 혜원의 최종적 수긍 여부는 불명확하다. 그는 유사한 내용을 반복해서 묻기 때문이다. 구마라집은 혜원의 질문 내용을 대부분 소승의 견해나 외도의 견해로 평가하여 비판한다. 혜원, 나아가 중국불교는 과연 그 '소승적·외도적' 사유를 극복한 것일까?

토론주제

1. 중국의 현상 실재론과 설일체유부의 법(法) 실재론에 대해 논의 하시오.

2. 공사상에 대해 논의 하시오.

3. 법신에 대한 혜원의 실체론적 이해의 특징과 의의에 대해 논의 하시오.

참고문헌

조윤호, 「정신에 대한 중국불교계의 이해 -이념과 현실의 이중주-」, 『범한철학』 61집(범한철학회, 2011).

깨달음은 단번에 이룰 수 있는가

– 돈점론(頓漸論) –

인도에서 발생한 불교가 동아시아에 전래되어서 깨달음의 내용과 방법 등에 관한 논쟁이 등장하는데 그것이 바로 돈점론(頓漸論)이다. 돈점론의 인도적 뿌리는 중관사상(中觀思想)의 대표자인 용수(龍樹)의 이제설(二諦說)에 근거한 것으로 보기도 하지만, 인도불교사에서는 돈오론(頓悟論)보다는 점오론(漸悟論)이 원칙적인 것으로 보인다. 돈오론은 중국 고유사상의 영향을 받은 중국적 풍토에서 발생한 교의이고, 돈점 논쟁은 인도보다는 동아시아에서 주요 쟁점이 된 문제이다.

중국불교사에서 축도생(竺道生, 372-434)은 최초로 돈오(頓悟)를 주장하며, 동아시아불교사에 돈점 논쟁을 불러일으킨다. 선불교사(禪佛敎史)에서도 북종선(北宗禪)의 신수(神秀, 605-706)와 남종선(南宗禪)의 혜능(慧能, 638-713) 사이의 돈점(頓漸) 이해는 주요한 쟁점이 되어 왔다. 선(禪)과 교(敎)의 일치를 주장했던 종밀(宗密, 780-841)의 돈오점수(頓悟漸修)와 중생본래성불설(衆生本來成佛說)

은 고려의 지눌(知訥, 1158-1210)에게 계승되었고, 지금도 동아시아 불교 정통 교의 논쟁의 중심에 서있다. 이러한 돈점 논쟁은 깨달음과 닦음 곧 부처가 되는 것과 관련한 수증론(修證論)의 문제로서 깨달음은 무엇인가, 깨달으려면 어떻게 해야 하는가, 깨달은 이후의 삶은 어떠해야 하는가 등의 성불론(成佛論)과 연결된다.

돈오와 점오

대승불교권인 동아시아에서 말하는 깨달음이란 부처가 되는 것인 성불(成佛)을 의미한다. 특히 돈점 논쟁과 관련해서는 돈오성불(頓悟成佛)과 점오성불(漸悟成佛)이 문제된다. 돈오성불이란 순식간에 온전히 깨달아 부처가 되는 것을 말하고, 점오성불은 점차적인 학습과 실천으로 비로소 부처가 되는 것이 가능하다는 주장이다. 이러한 두 가지 성불론의 입장을 이해가기 위해서는 우선 돈(頓)과 점(漸)의 의미부터 파악할 필요가 있다.

동아시아불교의 수증론에서 돈(頓)과 점(漸)은 한 쌍의 대비적 개념으로서 중요한 역할을 담당한다. 후한(後漢) 때의 승려인 지루가참(支婁迦讖)을 포함해 초기의 번역가들은 '頓'의 개념에 해당하는 용어로서 '疾', '便', '速' 등을 사용해 왔다. 이때 '頓'이라는 한자(漢字)의 의미는 순식간에, 단박에, 일거에 등의 의미를 갖고 있다. '頓'에 대비되는 개념으로 '漸'은 점차로, 단계를 밟아, 서서히, 점점 등의 의미를 가지고 있다. 단번에 깨치면 바로 부처가 된다는 것을 돈오(頓悟)라고 하고, 점차로 단계를 밟아 부처를 이룬다는 것을 점오(漸悟)라고 한다. 돈오와 점오 사이에는 깨달음은 어느 순간 홀연히 이루어지는 것인지, 아니면 꾸준한 준비 작업을 거쳐서 도달하는 것인지에 대한 관점의 차이가 있다.

인도불교는 오랜 세월 동안의 학습과 실천을 장기적으로 쌓아야 성불이 가능하다는 점오성불론의 입장이 일반적이다. 중국불교에서 이러한 점오성불론을 비판하고 직관을 중시하는 돈오성불론을 최초로 주장한 이가 축도생(竺道生)이다. 도생은 당시까지 소개된 여러 불교 교설을 섭렵하지만, 『열반경(涅槃經)』을 통한 불성(佛性)과 돈오성불(頓悟成佛) 논의를 중시한다. 도생은 자구(字句)의 면밀한 주석을 중시하는 경학(經學)보다는 뜻과 직관을 중시하는 현학(玄學)의 인식방법인 득의망언(得意忘言)을 취한다. 이러한 도생의 돈오성불론은 당시 성행하던 '理' 개념에 근거한다. 『대반열반경집주(大般涅槃經集註)』에서 도생은 "참다운 이치는 스스로 그러하여 깨달으면 그윽이 부합한다. 참다운 이치는 차등이 없으니, 깨달음에 어찌 변화를 용납하겠는가?"라며, 깨달음의 이치는 나눌 수 없는 불가분한 성격임을 강조하고 있다. 그러기에 깨달음은 단번에 이치에 부합하는 돈오의 방식으로써 체득 가능한 것이지 단계를 설정할 수 없는 것이라고 파악한다.

도생의 돈오론을 해명하는 대표적 입장은 혜달(慧達)의 『조론소(肇論疎)』에 등장한다.

> 돈(頓)이라 하는 것은 이치를 나눌 수 없음을 밝힌 것이고, 오(悟)는 지극한 비춤을 말한다. 이는 둘이 없는 깨달음으로써 나눌 수 없는 이치에 부합하는 것이다. 이치와 지혜가 함께 어우러짐을 돈오(頓悟)라고 한다.

이치라는 것은 본래 나눌 수 없는 것이기 때문에, 이치를 깨닫는 것은 둘 중의 하나의 문제다. 전체를 깨닫거나 혹은 전혀 깨닫지 못하거나 하는 것이다. 마치 두 바위 사이를 단박에 뛰어넘거나, 넘지 못하고 바로 절벽 아래로 떨어져버리는 것과 같다. 도생은 이와 같이 깨달음은 순간적으로 단번에 문득 일어나는 사건인 돈오이지, 중간 단계를 설정하는 방식의 점오일 수는 없는 것이라고 본다. 깨달음은 단계를 나누어 이룰 수 있는 것이 아니라고 본다.

도생과 함께 구마라집 문하에서 수학하던 혜관(慧觀)은 점차적 수행을 강조하는 점오성불론을 주장하며 돈오론을 비판했다. 혜관의 점오론에 대응하여 사령운(謝靈運, 385-433)은 도생의 돈오론을 강하게 옹호하며 점오성불론을 비판한다. 『변종론(辯宗論)』에 이러한 사령운의 입장이 실려 있다.

묻는다. "만일 배움에 전념하여 무(無)와 일치되기를 바란다면, 이런 식으로 그는 어떤 나아감이 있는가? 만일 나아감이 없다면, 왜 그는 배우려 하는가? 만일 점차 나아간다면, 그것은 바로 점오(漸悟)가 아닌가?"

답한다. "배움에 전념하면 마음의 더러움을 제거하는 적극적인 경지에 도달할 수 있다. 그러나 그러한 제거로 더러움이 씻어진 것처럼 보일지 몰라도 사실은 더러운 애착이 모두 없어진 것은 아니다. 모든 걸림이 함께 다해서 사라진 것만이 돈오(頓悟)다."

묻는다. "만약 배움에 전념하면 일시적으로 무(無)와 일치될 수 있는가? 일치될 수 있다면 이 일시적 일치는 전혀 일치되지 않는 것보다 낫지 않은가? 그러면 이것이 바로 점오(漸悟)가 아닌가?"

답한다. "그러한 일시적 일치는 임시로 일치한 것일 뿐이다. 참된 일치는 그 본성상 영원한 것이다. 일시적인 일치가 참된 일치처럼 보일 수 있지만, 마음이 더러운 요소를 억압하여 그것이 소멸한 것처럼 보이는 것이다. 이와 같이 이것은 잘못된 것이다."

사령운은 점오의 방법으로는 더러운 요소를 제거할 수는 있지만, 모든 걸림이 사라진 경지는 돈오의 방법만으로 가능하다고 본다. 또한 점오는 무(無)와 잠시 일치한 것일 뿐이어서 참된 일치로 볼 수 없다고 한다. 깨달음이라는 사태는 단번에 드러나는 것이지 결코 점진적 학습과정의 축적으로 발생하는 것은 아니라며 점오론을 논박하고 있는 것이다. 학습과 실천의 축적은 깨달음을 위한 준비작업일 뿐이지 진정한 깨달음인 돈오와는 구분되는 것으로 본다. 깨달음을 무(無)로 이해하는 것에서는 불교를 도가(道家)의 개념으로 이해하는 격의불교(格義佛教)의 모습이 드러나고 있다.

돈오는 마음의 본성을 일거에 드러내는 것이다. 곧 자신에게 이미 갖추어진 마음의 본성을 인위적인 조작 없이 단번에 확인하여 모든 구속에서 자유로워지는 것이 돈오다. 이러한 돈오법은 중국 고유의 도가사상(道家思想)과의 교섭과정에서 나타난 것이다. 수나라, 당나라 시대의 대표적 종파불교인 천태종(天台宗), 화엄종(華嚴宗), 선종(禪宗) 등에서는 점오법보다 돈오법을 중시한다. 송나라, 명나라 시대의 신유학(新儒學)인 성리학(性理學)과 양명학(陽明學)의 수양론에도 깊은 영향을 미친다.

마음의 본성과 깨달음

돈오성불(頓悟成佛)을 중시하는 대표적인 종파가 선종(禪宗)이다. 선종은 언어와 사유로는 진리에 도달할 수 없다고 본다. 개념과 추리, 판단 등으로 있는 그대로의 진실을 알 수 없다는 것이다. 그러기에 스승은 제자에게 말을 떠나고 생각이 끊긴 자리에 바로 들어가 마음의 본성을 스스로 깨닫게 하는 방법을 취한다.

소림사(少林寺)에서 9년의 면벽에 들어있던 선종의 초조(初祖)

보리달마(菩提達磨, -520-)에게 한 사람이 찾아와 "제 마음이 불안합니다. 스님께서 불안한 제 마음을 편안하게 해주십시오."라고 부탁한다. 달마는 "그대의 불안한 마음을 가져오라. 그러면 불안한 마음을 편안하게 해주리라."라고 대답한다. 그러자 그는 "그 마음을 아무리 찾아도 찾을 수가 없습니다."라고 말한다. 그러자 달마는 "찾을 수 있다면 어찌 그것이 그대의 마음이겠는가. 나는 벌써 그대에게 마음의 편안을 주었느니라."라고 하자 이 말을 듣고 바로 깨달은 이가 선종의 2조 혜가(慧可, 487-593)라고 한다.

이러한 스승과 제자 사이의 문답(問答)에 의한 전법(傳法) 방식은 혜가에 이어 승찬(僧璨, ?-606)과 도신(道信, 580-651), 홍인(弘忍, 601-674), 혜능(慧能, 638-713) 등의 계보로 전승된다. 문자와 경전에 의하지 않고, 바로 마음을 가리키는 이러한 선문답(禪問答)은 일상적 삶 속에서 스스로의 완전성을 바로 깨닫는 실천적 자각을 강조한다. 경전이나 교단의 권위로부터 벗어나 스스로 자신의 본성을 일거에 보게 하는 방식으로 깨달음을 성취하게 하는 곧 돈오법을 취한다.

선불교사에서 5조 홍인의 제자인 신수(神秀, ?-706)와 혜능 사이의 깨달음에 대한 관점의 차이는 돈점 논쟁의 중심에 서있다. 신수 계열의 북종선(北宗禪)이 점차적 노력을 강조하는 입장이라면, 혜능 계열의 남종선(南宗禪)은 직관적 통찰을 강조한 입장으로 볼 수 있다. 점문(漸門)의 신수는 다음과 같은 게송을 지었다.

몸은 깨달음의 나무요
마음은 밝은 거울의 받침대와 같다.
때때로 부지런히 털고 닦아서

티끌이 일어나지 않게 하리라.

신수는 보리수(菩提樹)와 명경(明鏡)의 비유를 통하여 깨달음을 논하고 있다. 몸은 부처의 깨달음을 상징하는 보리수에, 마음은 밝은 거울 곧 명경에 비유되고 있다. 신수는 누구나 갖추고 있는 본래의 청정한 본성을 지키기 위해서는 일상생활에서 삼학(三學)인 계율(戒律)과 선정(禪定), 지혜(智慧)의 중요성을 강조하고 있다. 이러한 신수의 입장은 마음의 본성은 선하다는 성선설(性善說)의 입장에서 그러한 본성을 잘 간직하고 기르라는 존심양성(存心養性)을 강조하는 맹자(孟子)의 사상과 유사하다. 이 입장은 일상적 삶에서 생기는 티끌을 항상 닦아 내야 본래의 청정한 마음의 본성이 유지될 수 있다고 보며 끊임없는 노력을 강조한다. 신수는 닦는 것은 단번에 이루어지지 않고 점차적으로 할 수 밖에 없다는 점문(漸門)의 입장을 대변하고 있다. 이에 반해 돈문(頓門)의 혜능은 단번에 깨닫는 돈오(頓悟)를 강조한다.

깨달음은 본래 나무가 아니고
밝은 거울에는 받침이 없다.
본래 한 물건조차 없거늘
어느 곳에 티끌이 끼겠는가.

신수의 입장을 비판하는 위 혜능의 게송은 궁극적 공(空)의 입장에서 단계적 닦음이라는 입장을 부정하는 돈오(頓悟)의 입장에 서 있다. 혜능은 돈오의 입장에서 밝은 거울의 티끌을 제거하는 작업 곧 점수에는 반드시 새로운 티끌이 생길 수밖에 없다는 구조를 간파하고, 그것을 단번에 깨버리고 있다. 혜능은 경전이나 문자에 얽매이지 않고 자신의 마음을 곧바로 깨달을 것을 강조한다.

신회(神會, 684-758)는 스승 혜능의 돈오론을 깨달음에 관한 이론의 정통에 놓고자 의도하며 점수론을 비판한다. 『신회어록(神會語錄)』에서는 돈오에 대하여 다음과 같이 풀이하고 있다.

> 지덕(志德) 법사가 묻기를 "선사(禪師)께서는 지금 중생들에게 돈오(頓悟)하라고만 가르치십니다. 왜 소승에 따라서 점수(漸修)로 이끌지 않습니까? 9층의 누대를 오르는데 계단에 의하여 점차로 오르지 않는 사람은 없습니다."
>
> 답하기를 "단지 두려워하는 것은 9층의 누대가 아니고, 어지러이 오르려는 것이 흙더미나 무덤일까 두려워하는 것이다. 만약 실제로 9층의 누각이라면, 이는 곧 돈오(頓悟)의 의미이다. 지금 돈(頓) 가운데에 점(漸)을 세우는 것은 9층의 누각에 오르는 것이어서 점차의 계단이 필요하다. 결코 점(漸) 가운데에 점의(漸義)를 세우는 것이 아니다. 사(事)는 모름지기 이지(理智)와 겸해져 해석하는 것을 일러서 돈오(頓悟)라고 한다. 아울러 점차의 계단에 말미암지 않고, 스스로 그러함이 돈오의 뜻이다. 자심(自心)이 본래 공적(空寂)임을 따르는 것이 돈오다. 마음에 즉하여 얻을 바 없는 것이 돈오다. 마음에 즉한 것이 도(道)라는 것이 돈오다. 마음에 즉하여 머무르는 바 없음이 돈오다. 법(法)에서 마음을 깨달아 마음에 얻을 바 없음이 돈오다. 일체법(一切法)이 일체법인 것을 아는 것이 돈오다. 공(空)을 설함을 듣고서 공에 집착하지 않고, 곧 불공(不空)을 취하지 않는 것이 돈오다. 아(我)를 설함을 듣고서 아(我)에 집착하지 않고, 곧 무아(無我)를 취하지 않는 것이 돈오다. 생사(生死)를 버리지 않고 열반(涅槃)에 들어감이 돈오다.

위에서는 돈오의 의미를 이지(理智), 자연(自然), 자심(自心), 즉심(卽心), 법(法) 등과 관련하여 다양한 각도에서 해명하고 있다. 여기서 돈오란 누구나 본래 갖추고 있는 자연스러운 공적한 마음 그 자체를 곧바로 깨닫는 것으로 이해된다. 각자가 이러한 마음의 본성을 단번에 깨닫는 것이 돈오로서, 점차적으로 하나하나 완성해 간다는 점수와는 다른 것이다.

혜능과 신회의 이해에서 돈오는 자신의 본성 곧 자성(自性)을 바로 깨닫는 것이다. 자신의 본성을 보는 것인 견성(見性)을 깨달음 곧 성불이라고 이해하고 있다. 혜능과 신수를 거치며, 이후 돈오견성(頓悟見性) 계열이 선불교의 주류로 정착하게 된다.

돈오점수와 돈오돈수

중생에게 부처가 될 가능성 곧 불성(佛性)이 있다고 중생이 바로 부처는 아니다. 중생의 본질이 부처라고 해도, 자신이 본래 부처라는 사실을 깨닫지 못하는 범부에게 현실은 여전히 고통스런 상태이다. 그렇지만 자신의 참된 모습인 진여(眞如)를 깨닫는다면, 그 순간부터 부처의 삶이 바로 가능하다. 그러기에 중생의 본질은 본래 부처라는 선언은 중생에게 낙관적 전망을 제시하고 있다. 그렇다면 중생은 어떻게 깨달음의 세계 곧 자신의 본래성을 확인할 수 있는가, 본래부터 성불의 가능성이 담보되어 있다면 수행은 어떤 의미가 있는가 등이 이와 관련해서 문제가 된다.

선(禪)과 교(敎)의 일치를 주장했던 종밀(宗密)은 돈오점수(頓悟漸修) 성불론을 주장한다. 이러한 종밀에게 영향을 미친 신회는 『보리달마남종정시비론(菩提達磨南宗定是非論)』에서 "진리를 추구하는 이는 단번에 불성(佛性)을 보고서 점차로 인연(因緣)을 닦아서,

이번 생에서 해탈을 얻을 수 있어야 한다. 그것은 어머니가 단숨에 아이를 낳은 후에, 젖을 주어 시간을 들여 양육하면 그 아이의 지혜는 스스로 늘어가는 것과 같다."고 한다. 여기서 신수는 누구나 갖춘 본래 청정한 불성을 바로 보고난 후에 점차로 인연을 수습한다는 점수를 강조하고 있다. 이러한 신회의 돈오와 점수 이해는 종밀에게 그대로 전수되어서 종밀은 돈오점수론을 주창하게 된다.

종밀은 돈오를 아기가 태어나는 것에 비유하고, 점수를 아이가 성장하는 것에 비유한다. 성불의 과정을 단번에 아이가 태어나더라도, 완전한 사람이 되기 위해서는 점차적인 성장 과정이 필요하다고 이해하는 것이 돈오점수 성불론이다. 범부가 본래 갖추고 있는 깨달음의 본성을 되찾아서 부처의 진실한 삶을 살기 위해서는 먼저 단번에 깨닫고 그 이후에 다시 단계적 수행이 필요하다는 것이다. 종밀의 돈오점수론은 돈오 이후에 점수를 한다는 것으로서, 앞서 논한 도생의 깨달음에 단계를 설정할 수 있는가 하는 돈점논쟁과는 차이가 있다.

종밀의 돈오점수론은 『원각경(圓覺經)』의 교설을 바탕으로 중생에게는 원만한 깨달음이 본래 갖추어져 있다는 중생본래성불론(衆生本來成佛論)을 바탕으로 한다. 종밀은 모든 중생이 가지고 있는 불성을 원만한 깨달음으로 표현하며 본래성불설을 전개한 것이다. 중생이 본래 부처라는 사실을 깨닫고 실천하는 방법으로 종밀은 돈오점수설을 제창한다. 종밀은 교가(敎家)의 화엄종(華嚴宗)의 사상가이지만, 또한 선가(禪家)의 하택종(荷澤宗)의 종조로서 교(敎)와 선(禪)을 회통하는 토양 위에서 돈오점수 성불론 체계를 구축한 것이다. 이때 돈오는 중생에게 원만한 깨달음이 본래 갖추어져 있다는 사실을 깨닫는다는 의미이고, 점수는 이러한 사실을 깨달았다고 하더라도 점차적인 수행이 요구된다는 의미이다.

고려시대의 지눌(知訥, 1158-1210)은 종밀의 돈오점수론을 우리나라 선종에 정착시켰다. 지눌은 돈오(頓悟)를 마음은 본래 깨끗하여 번뇌가 없어 부처와 조금도 다르지 않는 것이라고 이해하고, 점수(漸修)를 자기의 마음이 부처와 같다는 사실을 깨쳤다고 하더라도 오랜 습기를 제거하기 위한 수행의 과정이라고 이해한다. 돈오점수론을 취하는 지눌은 『수심결(修心訣)』에서 선오후수(先悟後修)를 주장하며 깨달음과 닦음의 관계를 물과 얼음에 비유한다.

> 먼저 깨닫고 나중에 닦는다는 뜻은 연못의 얼음이 온전히 물인 줄 알지만, 햇볕의 기운을 빌려서 녹아 없어지는 것처럼, 범부가 곧 부처임을 깨달아도 법력으로써 훈습하여 닦아야 한다.

지눌은 얼음이 곧 물이라는 사실을 아는 것을 돈오라고 보고, 얼음을 녹여서 물이 되게 하는 과정을 점수라고 이해하고 있다. 먼저 깨닫고 난 이후에 닦아야 한다는 구체적 실천 원리를 주장하는 것이다. 깨달음이 단번에 이루어진다고 하더라도 닦음은 오랜 시간이 필요하다는 돈오점수는 이러한 선오후수의 수행방법과 밀접한 관련을 갖는다. 이와 같은 지눌의 수행론은 이후 한국선불교 수행법의 주류로서의 지위를 오랫동안 유지해 왔다. 그렇지만 근래에 성철(性徹, 1912-1993)은 깨치고 난 뒤에도 더 수행할 것이 남아 있다는 돈오점수의 입장은 알음알이 곧 지해(知解)에 불과한 것으로서 진정한 깨달음이 아니라고 비판한다. 이러한 성철의 비판에 의해서 한국불교계에 돈점논쟁은 다시 촉발되었다.

성철은 『선문정로(禪門正路)』에서 돈오점수를 화엄사상의 해오(解悟)에 영향을 받은 문자에 얽매인 것이라고 논박하며 문자를 떠나 있는 진정한 선불교의 입장이 아니라고 강하게 비판한다. 이에 대하여 돈오점수를 지지하는 입장은 번뇌의 바람이 멈추어도 습기는 바로 없어지는 것은 아니기 때문에 이를 제거하는 수행이 필요하다고 반론한다. 단번에 깨친 깨달음에는 어떠한 번뇌도 없다는 돈오돈수를 지지하는 입장과 단번에 깨치고 점차로 수습한다는 돈오점수를 지지하는 입장 사이의 치열한 논란이 최근까지도 이어져 오고 있다. 이러한 차이는 깨달음에 대한 견해의 차이에서 비롯된다.

돈오점수(頓悟漸修)는 단번에 깨친다는 점에서는 돈오돈수(頓悟頓修)와 같지만, 깨치고 나서도 점진적인 수행이 필요하다는 입장이다. 돈오점수는 한 순간의 깨달음의 체험 이후에 점진적인 수행을 통하여 완전한 깨달음으로 나아간다는 것이다. 이에 반해 돈오돈수는 단번에 깨닫고 단번에 수행한다는 것으로서 단번의 깨달음 그 자체가 바로 수행이기 때문에 깨달음 이후에 별도의 수행이 필요 없다는 입장이다. 돈오돈수는 단번에 깨쳐서 궁극적이고 완전한 지혜를 바로 성취한다는 것이지만, 돈오점수는 단번에 깨친 깨달음의 체험은 완전한 지혜로서 온전히 유지되는 것은 아니라는 것으로서 두 견해 사이에는 돈오에 대한 이해의 차이가 존재하고 있다. 이러한 차이는 불교의 목적인 깨달음과 닦음 등에 관련한 문제로서 우리의 본성은 무엇이고 그것을 어떻게 실현할지의 문제와 연계되고 있다.

토론주제

1. 돈오성불론이 갖는 장점과 위험성은 무엇인가?

2. 마음의 본성은 어떻게 깨닫는가?

3. 돈오점수와 돈오돈수의 차이점은 무엇인가?

참고문헌

『깨달음, 궁극인가 과정인가』, 한자경 편집, 운주사, 2014.
『깨달음, 돈오점수인가 돈오돈수인가』, 김호성 엮음, 민족사, 1992.
김진무, 『중국불교사상사』, 운주사, 2015.
박태원, 『돈점(頓漸) 진리담론』, 세창출판사, 2016.

우리는 정말 부처가 될 수 있는가

— 불성과 여래장 —

초기불교에서는 전통적으로 수행을 통한 깨달음의 가능성을 역설했다. 그것이 대승불교에 들어오면 모든 사람들의 깨달음에 대한 가능성 즉 불성이 이미 우리들에게 내재되어 있다고 말한다. 심지어 『화엄경』에서는 부처와 중생사이에는 아무 차별이 없다는 사상까지 설파하기에 이른다. 이러한 불성의 내재에 대한 문제는 우리 자신을 어떻게 바라 볼 것인가에 대한 많은 철학적 고민을 남겨준다. 우리는 이미 부처인가? 정말 우리는 모두 다 부처가 될 수 있는가?

불성사상이 우리에게 주는 의미는?

불성(佛性)이란 일반적으로 '부처의 본성' 또는 '부처의 성품'으로 해석할 수 있으며, 내용적으로는 부처가 될 가능성을 의미한다. 불성은 불장(佛藏)이라는 말로도 쓰이나, 불성과 더불어 여래장(如來藏)이란 말이 훨씬 더 보편적으로 사용되고 있다. 여기에서 말하는 장(藏)이란 산스크리트어 'garbha'를 번역한 말로서 garbha는 어머니 몸속의 태 또는 태아라는 의미이다.

따라서 불장은 '부처의 태 혹은 태아', 여래장은 '여래의 태 혹은 태아'라는 의미로서 이는 모두 같은 말인 부처나 여래가 될 수 있는 가능성을 이미 모든 중생들이 간직하고 있다는 것을 내포하고 있다. 그렇다면 모든 중생들이 불장 즉 여래장을 지닐 수 있는 근거는 무엇인가?

『보성론』에서는 이러한 근거를 세 가지로 설명한다. 첫째는 부처님의 지혜가 모든 중생들 가운데서 작용하고 있기 때문이다. 둘째는 본질적인 성품으로서 때 묻지 않은 진여가 차별 없이 모두에게 평등하기 때문이다. 셋째는 부처가 될 수 있는 과보가 이미 설정되어 있기 때문이다. 즉 이러한 세 가지의 가능성이 존재하기 때문에 『보성론』에서는 모든 중생들이 불성을 가질 수 있다고 말한다.

『대방등여래장경』에서는 모든 사람들이 변치 않는 여래의 성품을 가지고 있다고 설한다.

> 선남자야, 여래가 세상에 출현하든 출현하지 않던, 법성과 법계와 모든 유정의 여래장은 항상 변하지 않는다.

이와 같이 모든 중생들은 여래의 출현과 상관없이 항상 변치 않는 여래장을 가지고 있다. 그런데 왜 중생들은 그와 같은 여래장을 가지고 있음에도 불구하고 그 여래장을 발현시켜 부처를 이루지 못하는 것일까?

일반적으로 중생이라고 하는 말은 아직 부처가 되지 못한 사람들을 일컫는 말이다. 다시 말해 중생이란 아직 근본적인 깨달음을 얻지 못한 사람, 3계6도에 윤회하고 있는 사람, 번뇌라는 미혹 속에 빠져 있는 사람들이다. 즉 우리 중생들은 여래장을 가지고는 있지만 번뇌에 빠져 아직 깨달음을 얻지 못하고 3계6도를 윤회하고 있는 존재들인 것이다.

이러한 어리석음을 깨쳐주기 위해 부처님께서는 오묘한 법을 설하셨는데, 『여래장경』에서는 부처님이 진리의 법을 설한 목적이 바로 중생들의 성불이라고 하였다. 그렇다고 부처님이 법을 설한 것만으로 모든 중생들이 바로 성불할 수 있다고 생각해서는 안 된다.

왜냐하면 불교는 스스로 지은 바에 따라 그 업을 받는 자작자수(自作自受)의 실천행을 근간으로 하는 것이기 때문이다. 따라서 중생들이 부처가 되기 위해서는 부처님의 설법을 넘어 반드시 중생 스스로의 실천적인 노력을 필요로 한다. 이 경에서는 이러한 수행의 필요성이 잘 나타나 있다.

> 선남자야, 너희는 스스로 속지 말고 부지런히 정진하는 용맹스러운 마음을 내어라. 너희의 몸 안에는 모두 부처의 본체가 있으니, 후에 반드시 정각을 이룰 것이다.

그런데 왜 부처님은 이와 같이 모든 중생들에게 불성 즉 여래장이 있다고 설한 것일까? 『보성론』에서는 부처님이 모든 중생들에게 불성이 있다고 설한 이유를 다섯 가지로 설하고 있는데, 그 중 중요하다고 생각되는 두 가지만을 살펴본다.

그 첫 번째는, "나는 부처가 될 수 없다"라고 말하는 경우와 같이, 사람들은 스스로를 지나치게 낮추어 보는 잘못을 저지른다. 이로 인해 그들의 마음속에는 스스로에 대한 열등감이 생기고 나약해지는 마음이 생긴다. 따라서 이러한 사람들로 하여금 보리 즉 깨달음을 향한 용맹스런 마음이 생기도록하기 위해서 부처님은 불성을 설한 것이라고 말한다.

우리는 때때로 자신이 가지고 있는 능력이나 목표를 성취할 수 있는 가능성을 지나치게 낮추어 보는 경향이 있다. 물론 타인들 앞에서 자신의 공덕이나 인격을 드러내려 하지 않고 자신을 낮추고자 하는 자세는 훌륭한 태도라고 할 수 있다.

하지만 앞서 말한 바와 같이 자신의 능력이나 가능성을 지나치게 폄하하는 것은 잘못하면 열등의식을 넘어 자존감의 상실로 이어질 수 있는 것이다. 즉 이러한 열등의식에 젖어버리고 자기 자신에 대한 자존감을 잃어버린 사람이 어떻게 열정적이고 진취적인 삶을 살아갈 수 있겠는가?

따라서 이러한 사람들은 삶의 낙오자나 실패자가 되기 십상이다. 그렇기 때문에 『보성론』에서는 자신에 대한 지나친 과소평가를 버리고 모든 사람들이 깨달음을 얻을 수 있다는 자신감을 심어주기 위해서 불성을 설했다고 말하고 있는 것이다.

두 번째는, "나는 부처가 될 수 있지만 다른 사람은 부처가 될 수 없다"라고 말하는 경우와 같이, 사람들은 자신이 다른 사람보다 우월하다는 오만한 마음을 갖기 쉽다. 따라서 이러한 사람들이 자기보다 못한 사람들을 무시하고 경멸하는 마음을 끊고 모든 사람들에 대한 존중의 마음을 갖도록 하기 위해 불성을 설한 것이라고 말한다.

나만이 훌륭하여 나만이 부처가 될 수 있다는 오만한 자세는 나는 부처가 될 수 없다는 마음보다 더욱 질이 나쁜 경우라고 생각된다. 내가 부처가 될 수 없다는 마음은 비록 자기 자신의 능력에 대한 부정이어서 바람직한 삶의 태도라고 할 수는 없지만, 최소한 자기 겸손으로 이어질 가능성은 존재한다. 하지만 나만이 부처가 될 수 있다는 자만과 오만은 자신에 대한 자존감을 넘어 타인에 대한 부정으로 이어지는 것이다.

이는 더불어 사는 세상, 나눔을 같이 하는 삶의 공동체를 파괴하는 극단적인 개인주의나 배타주의로 이어질 수 있다. 따라서 불교에서는 이 자만이나 오만을 탐·진·치 3독과 그 무게를 같이하는 근본번뇌의 하나로 간주하고 있는 것이다.

나만이 부처가 될 수 있는 것이 아니라 모두에게 평등한 불성이 존재한다는 시각은 타인을 대하는 자세를 바꾸게 할 수 있다. 따라서 부처님은 이러한 자만과 오만한 자들에게 경각심을 갖게 하도록 하기 위하여 불성을 설하였던 것이다.

현재 우리 사회는 부와 명예, 직업 등 오로지 겉으로 드러난 현상적인 가치만을 삶의 성공 기준으로 삼고 있다. 그렇기 때문에 돈이 없고, 집이 없고, 그럴 듯한 직장을 가지지 못한 사람들은 삶의 낙오자나 실패자로 간주되기 쉽다.

또한 같은 직장을 다니고 있다 하더라도 정규직과 비정규직이라는 차별은 더욱 더 이 사회를 불평등한 사회로 만들고 있다. 이렇듯 우리 사회는 현재 크게는 가진 자와 가지지 못한 자라는 이분법의 과오 속에 갇혀 있는 것이다.

하지만 누구나 부처의 성품을 가지고 있고 또 우리 모두가 부처가 될 수 있다는 불교의 불성론은 물질적인 불평등과 배타주의를 극복하고 평등과 상생으로 나아가게 하는, 이 시대에 꼭 필요한 사상이라고 할 수 있을 것이다.

우리의 마음은 원래 청정한 것인가?

불성사상은 우리들의 마음이 본래 깨끗한 것이라는 자성청정심과 깊은 연관을 맺고 있다. 우리는 흔히 우리들의 마음에 대하여 이분법적인 방식으로 접근해서 이해하곤 한다. 즉 일반적으로 도덕적이고 합리적인 자세에 입각한 마음을 양심이라고 하고, 비도덕적이고 비합리적인 자세에 입각해 지극히 개인의 입장만을 내세우는 마음을 사심이라고 부르는 것이 그것이다.

따라서 마음은 이러한 양심과 사심에 따라 선하게 작용할 때도 있고 악하게 작용할 때도 있다. 또한 어리석고 이기적으로 작용할 때도 있고 현명하고 이타적으로 작용할 때도 있다. 그런데 중요한 것은 우리들의 마음속에 양심과 사심의 이중성이 존재하고 있다는 것은 인정하기 쉬우나 근본적인 측면에서 바라보면 문제는 복잡해진다.

왜냐하면 우리들의 마음이 근본적으로 선한 것인지 아니면 근본적으로 악한 것인지, 혹은 선악이 근본적으로 동시에 내재되어 있는 것인지 이를 단정하는 것은 결코 쉬운 일이 아니기 때문이다. 그렇기 때문에 중국사상사에서도 맹자의 성선설과 순자의 성악설, 고자의 무선무악설 등 자신들의 학문에 입각한 다양한 주장들이 제기되어 논쟁의 대상이 되었던 것도 사실이다.

이렇듯 크게는 선과 악으로 쉽게 이해해 볼 수 있는 마음에 관한 성격을, 불교에서는 이 마음이 본래 청정한 것인지 아닌지 하는 청정심과 번뇌심의 관점에서 바라보았다. 12연기에서는 무명 즉 어리석은 번뇌의 마음이 열두 가지 항목의 제일 앞에 위치하고 있다.

즉 불교에서는 이 무명이 무시이래부터 인간들을 끊임없는 생사의 윤회 속으로 빠지게 하는 근본원인이 된다고 말한다. 여기에서 무시이래란 말의 의미하듯 무명은 그 시작을 알 수 없는 태초부터 인간들의 마음속에 존재하는 것이다.

그렇다면 12연기에서 말하는 우리들의 마음은 본래부터 그 본성이 이미 무명에 휩싸인 청정하지 못한 것일까? 물론 불교에서는 그렇게 말하지 않는다. 12연기의 무명은 윤회의 최초 원인이자 동력으로서 무시이래부터 존재하는 것이라고 상정되는 것이지, 그것이 인간의 본성과 관련되어 본래적인 인간의 마음 그 자체가 무명이라고 이해하지는 않는다.

오히려 인간의 본성은 본래부터 청정하다는 사상이 초기경전부터 설해지고 있다. 『증지부경전』에서는 우리 인간들의 마음이 근본적으로 청정한 것임을 잘 보여주고 있다.

> 비구들이여, 이 마음은 본래 청정한 것이다. 그러나 본래부터 존재하던 것이 아닌 일시적인 번뇌에 의해 오염되어 있다. 이에 대한 가르침을 듣지 못한 범부들은 이것을 올바르게 알지 못하고 있다.

즉 우리들의 마음은 본래 청정한 것인데, 본래적인 것이 아닌 무명 즉 번뇌가 일시적으로 그 청정한 마음을 가리고 있다고 말한다. 이 경전의 구절에 의하면 시간적으로 청정심이 무명의 번뇌심보다 앞선다. 비록 12연기에서는 무명이 무시이래라는 근원적인 시간으로 설정되어 있기는 하지만 이는 생사윤회의 근원이 그만큼 오래되어 그 시기를 알 수 없다는 뜻으로 받아들여야 하는 것이다.

그래서 이 번뇌를 불교에서는 흔히 객진번뇌(客塵煩惱)라는 말로서 그 성격을 규정짓는다. 객(客)이란 주인집에 찾아와 머무는 손님을 말한다. 하지만 손님은 항상 그 집에 머무르는 존재가 아니라 볼 일을 마치면 돌아가는 존재이다. 그리고 진(塵)이란 먼지로서 무언가를 더럽히는 것이다. 따라서 객진번뇌란 왔다 가는 손님처럼 일시적으로 붙어 있는 더러운 먼지와 같은 번뇌라는 말이다. 이 객진으로서의 번뇌가 바로 청정한 우리들의 마음을 임시적으로 가리고 있는 것이다.

이러한 자성청정과 객진번뇌 개념은 이후의 여러 부파들에서도 폭넓게 받아들인 것으로 보인다. 『이부종륜론』에 의하면, 대중부, 일설부, 설출세부, 계윤부 등의 부파는 인간의 심성이 본래 깨끗한 것이지만 객진번뇌 때문에 오염되었다는 교리를 가지고 있다고 하였다.

이는 달과 거울의 비유를 통해 그 의미를 파악해 볼 수 있다. 둥근 보름달이 짙은 먹구름에 가려져 있을 때 우리는 그 달의 밝음을 보지 못한다. 대신 그 밤은 먹구름으로 인해 더욱 더 어둡기만 하다. 그러나 그 먹구름이 사라지면 달은 어느덧 둥그렇게 밝은 자신의 모습을 드러낸다. 즉 밤이 어두운 까닭은 달이 밝게 빛나고 있지 않아서가 아니라 밝은 달을 먹구름이 가리고 있기 때문이다.

맑은 거울도 마찬가지다. 거울은 본래 그 자체가 깨끗함을 본질로 하는 것이지만 시간이 지나면 먼지와 때가 묻어 본래의 깨끗함이 가리워진다. 그러나 다시 우리가 그 먼지와 때를 제거하면 본래의 깨끗함을 되찾는다. 이와 같이 우리는 먹구름이 사라지듯, 거울의 먼지와 때를 제거하듯, 우리 마음속의 번뇌를 제거하기 위해 노력하면 불교에서 말하는 성불의 길로 나아갈 수 있는 것이다.

『설일체유부비나야』에는 불교 역사상 가장 어리석은 제자인 주리반특가(周利槃特迦)의 일화가 나타나 있다. 주리반특가는 부처님의 제자가 되기 전부터 얼마나 어리석었는지 가르치는 스승이 자기

생전에 이토록 어리석은 아이는 본 적이 없다고 말했을 정도이다.

나중에 부처님의 제자가 된 이 주리반특가에게 부처님은 다른 사람들의 신발을 털면서 '나는 먼지를 털어내고, 때를 없앤다'라고 계속해서 외우게 하였다. 부처님의 말씀대로 주리반특가는 신발을 털면서 끊임없이 이 구절을 외워 마침내는 최고의 경지인 아라한과를 얻을 수 있게 되었다.

이 일화가 주는 교훈은 본질적으로는 어리석음과 그것을 극복할 수행의 노력에 초점이 맞추어져 있다. 어리석음에 휩싸여 있는 주리반특가는 바로 번뇌에 휩싸여 있는 우리들의 모습이다. 하지만 주리반특가는 끊임없이 노력하여 최고의 목표인 아라한과를 성취하였던 것이다.

우리 또한 현재 무명이라는 번뇌에 휩싸여 있는 것이 맞지만 이 무명이 영원히 우리의 마음을 가릴 수는 없는 것이다. 우리가 우리 자신의 진실 되고 청정한 마음을 잘 관찰하고 그 마음을 끊임없이 갈고 닦으면 우리 모두는 각자가 지향하는 목표에 도달할 수 있다고 불교는 설하는 것이다.

인간은 모두 다 부처가 될 수 있다

불교가 중국에 전래된 이후 동진 시대에 이르기 까지는 일반적으로 일체법의 자성이 공함을 설하는 반야학이 주류를 이루고 있었다. 그러나 동진시대 말부터는 일체법은 연기의 실상 속에서 오묘하게 존재하고 있다는 진공묘유(眞空妙有)를 기반으로 한 열반불성설이 유행하게 되었다.

하지만 그 이전의 불성설은 일천제(一闡提)는 결코 성불할 수 없다는 사상이었다. 일천제란 부처가 될 수 있는 기반으로서의 선근(善根)이 끊어진 사람들을 가리키는 말이다.

법현(法顯)이 418년에 번역한 6권본 『불설대반니원경』에도 여전히 일천제는 성불할 수 없다고 하여 법현 당시까지도 일천제 무불성설은 정설로 받아들여지고 있었다.

> 일천제가 나태하고 게을러서 시체와 같이 하루 종일 누워만 있으면서 마땅히 성불할 수 있다고 말한다. 만약 일천제가 성불한다고 한다면 이는 결코 옳지 않은 일이다.

하지만 이와 같은 『반니원경』의 일천제 무불성설은 담무참(曇無讖)이 421년부터 번역한 40권본 『대반열반경』이 전해지자 새로운 국면으로 접어들게 되었다. 왜냐하면 이 『대반열반경』에는 모든 중생들이 성불할 수 있다는 일체중생 실유불성의 사상이 들어 있었기 때문이다. 그리고 이 『대반열반경』의 실유불성 사상은 중국불교사에 지대한 영향을 끼치게 된다.

역사적으로 볼 때 중국불교사에서 이 실유불성 사상을 받아들여 최초로 불성논쟁을 일으킨 사람은 축도생(竺道生)이다. 도생은 일천제의 무불성을 주장한 『불설대반니원경』을 강의할 때 독자적으로 일천제 성불설을 주장하였다.

그런데 이 일천제 성불설은 당시 불교계에 많은 풍파를 일으켜 도생은 당시 불교 학자들로부터 무수한 비난과 배척을 당하였다. 이는 신성불가침이나 다름없는 경전의 내용을 무시한 일개 개인의 삿된 주장에 지나지 않다는 이유 때문이었다.

당시 불교계에 있어서 이와 같은 도생의 주장은 부처의 교설과 권위에 대한 정면도전이나 다름없었다. 하지만 이러한 비난에도 불구하고 도생은 전혀 자신의 뜻을 굽히지 않았다.

왜냐하면 경전의 표면적인 내용만으로 보면 일천제 무불성이 맞지만, 경전의 진정한 속뜻은 일천제도 성불할 수 있다는 의미를 담고 있다고 보았기 때문이다. 이러한 논란은 이후 『대반열반경』이 번역되고 나자 눈 녹듯 사라지게 되었으며, 오히려 도생의 깊은 불교 이해를 칭찬해 마지않았다고 한다.

또한 도생은 불교의 무아설과 불성설과는 대립적인 측면이 있어 서로 상존할 수 없다는 주장에 대해서도 이 둘을 양립 불가능의 교설로 바라보지 않았다. 그는 『주유마힐경』에서, "무아는 본래 생사 가운데서 아(我)가 없다는 것이지 결코 불성으로서의 아[佛性我]가 없다는 것이 아니다."라고 하였다.

즉 도생은 생사윤회하는 중생들에게 상주불변의 실체로서의 아는 없지만, 성불할 수 있는 가능태로서의 아인 불성아가 존재하지 않는 것은 아니라고 한 것이다.

중국에서 불성사상의 성숙은 주로 수당대 이후의 몇몇 종파들에 의해 이루어지는데, 대표적으로는 천태종과 화엄종이다.

천태종에서는 성구설(性具說)을 불성사상의 기반으로 삼았다. 성구설이란 본성 안에 이미 염오된 것과 청정한 것이 함께 갖추어져 있다는 성구염정(性具染淨)을 가리키는 말이다. 이는 중생뿐만 아니라 부처에게도 해당된다.

지의(智顗)는 『관음현의』에서 일천제와 부처의 성불에 대해 다음과 같이 말하였다.

> 일천제는 이미 그 본성이 선하다는 것에 통달하지 않았기 때문

에 오히려 선한 인(因)에 물들 수 있어 모든 악을 치료할 수 있다. 부처는 비록 본성으로서의 악을 끊지 않았어도 이미 악에 통달하였기 때문에 악에게서 자립할 수 있다. 그러므로 악에 물들지 않고 악을 일으키지도 않으며 영원히 악에 돌아가지도 않는다.

즉 성구의 관점에서 보면 일천제는 그 본성이 완전히 선하지 않으므로 오히려 선한 인연을 받아들일 수 있어 성불에 이를 수 있다는 것이다. 또한 부처도 그 본성 속에는 악이 존재하고 있지만 이미 그 악이라는 속성에 통달하였기 때문에 영원히 그 악에 물들거나 머물지 않는다는 것이다.

물론 불교에서 일반적으로 말하는 부처는 악을 영원히 여읜 완전한 존재다. 그렇기 때문에 부처에게는 악 즉 번뇌가 존재하지 않는다고 설한다. 그런데 왜 지의는 부처에게도 악이 존재한다고 말한 것일까? 진짜 부처에게는 악한 본성이 남아 있는 것일까?

이 지의의 성구선악설은 일념삼천설의 100법계 사상에 기인한 것이다. 100법계란 불, 보살, 연각, 성문, 천, 인, 아수라, 축생, 아귀, 지옥의 10법계 각각이 다시 10법계를 갖추어 100법계가 되는 것을 말한다. 따라서 이러한 관점에서 부처에게도 축생, 아귀, 지옥의 악함이 갖추어져 있다고 본 것이다.

물론 이러한 성구설의 관점에서만 보자면 부처에게 악의 본성이 남아 있는가 없는가는 여전히 논란의 여지가 있는 것이 사실이다. 따라서 지의의 이러한 주장은 어떠한 경론에서도 설하지 않는 것이라 하여 많은 사람들의 비판을 받기도 하였던 것이다.

화엄종에서는 성기설(性起說)을 불성사상의 기반으로 삼는다. 성기설이란 자성이나 본성에 의지하여 불성이 그대로 드러나는 것을 말한다. 지엄(智嚴)은 『화엄오십요문답』에서, "불성은 모든 범부와 성인의 인이므로, 모든 범부와 성인은 불성으로부터 생장한다."고 하였다.

또한 "여래장은 일체의 제불과 보살, 성문, 연각 내지 6도 중생들의 본체이다."라고도 하였다. 즉 지엄은 불성이나 여래장이 부처를 포함한 모든 중생들에게 근원적으로 내재되어 있다고 보았던 것이다.

법장(法藏)도, "모든 중생들은 다른 스스로의 체가 있는 것이 아니라 여래장을 취하여 중생을 이룬다."고 하였다. 즉 화엄종에서도 모든 중생들에게 불성이나 여래장이 존재하고 있음을 설한다. 그러나 화엄종의 소의 경전인 『화엄경』에서는 일체중생의 실유불성 사상에서 한 걸음 더 나아간 사상을 설하고 있다.

즉 『화엄경』에서는, "마음과 부처와 중생, 이 세 가지는 차별이 없다."라고 하였다. 일반적으로 모든 중생들이 불성을 가지고 있다는 말은 지금이 아니라 미래 언젠가에 모두가 부처를 이룰 수 있다는 가능성을 나타내는 말이다. 하지만 『화엄경』에서는 이미 이 중생과 부처 사이에 그 어떤 차별성도 없는 동등한 관계로 까지 바라보고 있는 것이다. 이는 불성의 보편적인 편재성을 넘어 극한의 초월에로 나아간 것이라고 할 수 있다.

인간들 모두 다 부처가 될 수는 없다

일천제 무불성사상은 이미 부파불교 시대부터 가지고 있던 사상이다. 유가행파인 세친(世親)의 『불성론』에는 여러 부파 중의 하나인 설일체유부의 사상이 잘 나타나 있다.

> 설일체유부 등의 주장에 따르면, 중생을 분별하면 무릇 세 가지가 있다. 첫째는 결코 불성이 없고 영원히 열반을 얻지 못하는 중생으로서 이는 일천제와 중한 금계를 범한 사람이다. 둘째는 (불성의) 유무가 정해지지 않은 중생으로서, 만약 수행을 하면 (불성을) 얻을 수 있고, 수행을 하지 않으면 얻을 수 없는 사람이다. 셋째는 반드시 불성을 가지고 있는 중생으로서 곧 3승에 해당하는 사람들이다.

즉 세친에 의하면 설일체유부를 비롯한 여러 부파들은 불성이 없어서 영원히 열반을 얻지 못하는 중생으로서 일천제를 상정하고 있음을 알 수 있다. 그리고 세친 이전의 유가행파의 여러 논서들에서도 여전히 일천제의 무불성을 논하고 있다.

『유가사지론』은 유장(有障)과 무장(無障) 즉 성불함에 있어 장애를 가지고 있는 사람과 장애를 가지고 있지 않는 사람의 차별을 통하여 무불성의 중생이 있음을 주장하였고, 『현양성교론』은 5종의 도리로서 종성의 차별을 설명한 5종성설을 제기하였다. 이 중에는 불성이 존재하지 않아 열반에 이를 수 없는 불반열반 종성의 중생이 존재한다고 하였다. 『대승장엄경론』에서도 무성의 종성이 존재하여 결코 반열반에 오를 수 없는 중생이 있음을 설하고 있다.

하지만 세친은 『불성론』에서 실유불성론과 일천제 무성론의 조화를 꾀하여 궁극적으로는 일체중생의 실유불성론을 주장한다. 세친은 모든 중생들에게 불성이 존재한다고 주장하는 경과 일천제는 불성이 없어 성불할 수 없다고 주장하는 두 경전을 예로 들며 이를 회통하고자 한다.

즉 실유불성을 주장한 경전은 요의(了義)로서 확정적인 의미에서 말한 것이고, 무불성을 주장한 경전은 불요의(不了義)로서 잠재적인 가능성의 의미에서 설한 것이라고 한 것이다. 세친은 대승의 법을 믿지 않는 자를 일천제라고 하였는데, 일천제는 결코 해탈할 수 없다고 설한 것은, 일천제로 하여금 대승의 법을 믿지 않는 마음을 버리게 하기 위함이라고 하였다.

이는 곧 일천제란 현시점에서 대승의 법을 믿는 마음을 갖고 있지 않는 중생을 가리키는 것이지 영원히 일천제로 존재하는 중생이 있다고 말한 것은 아니라고 지적한 것이다. 이를 통해 세친은 일천제의 영속성을 부정하고, 대승의 법을 믿게 될 잠재적인 가능성에 그 의미를 두어 상반되는 두 경전의 내용을 회통하고자 하였던 것이다.

하지만 세친의 유식사상을 이어받은 중국 법상유식학파에서는 이러한 세친의 회통적인 입장보다는 일천제 무불성설을 그 종파의 근본교의로 삼았다. 현장(玄奘, 602~664)이 인도에서 돌아오기 이전의 중국 불교계에서는 중생들은 모두 불성을 가지고 있다는 실유불성설이 정설로 받아들여지고 있었다. 그리고 이는 누구도 거역할 수 없는 대세로서의 큰 흐름이었다.

그런데 현장은 본인이 직접 인도로 건너가 공부를 하는 과정에서 불교 교리에 관한 큰 충격을 받지 않을 수 없었다. 즉 자신의 사상적 기반인 유가행파에서는 일천제에게는 불성이 존재하지 않는다는 일천제 무성사상을 주장하고 있었기 때문이다. 즉 현장은 이 사상을 접하고 나서 생각하기를, "비록 이 사상을 중국에 전한다 하여도 사람들이 결코 이를 믿지 않을 것이다."라고 우려하며 크게 낙담하였다고 한다.

그러나 스승인 계현(戒賢)이, "변방 중국의 사람들이 무엇을 알겠는가?"라고 질책하자 현장은 스승의 충고를 받아들여 일천제 무성사상을 중국에 갖고 왔다고 한다. 하지만 중국에 돌아와서도 현장은 몰래 수제자인 규기(窺基)에게만 5종종성설을 전수하였다고 한다.

현장은 규기에게 말하기를, "5종종성의 종법은 오직 너에게만 전하고자 한다. 다른 사람들은 모르는 것이다."라고 하였다. 즉 현장은 무성사상이 당시 불교계의 입장과 반대되므로 이를 주장할 경우 많은 사람들의 비난과 오해를 살까봐 두려워했던 것이다.

하지만 이러한 스승의 우려와는 달리 규기는 이 5종종성설을 주창하고 널리 알리는데 온갖 힘을 기울였다. 규기는 이 일천제를 세 가지 유형으로 분류하였다. 첫째는 단선천제(斷善闡提)이고, 둘째는 대비천제(大悲闡提)이며, 셋째는 필경무성(畢竟無性)의 천제가 바로 그것이다.

단선천제란 인(因)으로는 성불할 수 없고 과(果)로서만 성불이 가능한 중생이며, 대비천제란 과로서는 성불하기 어려우나 인으로서만 성불이 가능한 중생이다. 그리고 마지막 필경무성인 천제는 인과 둘 다로도 성불할 수 없는 중생을 말한다. 즉 규기는 이 필경무성의 천제는 영원히 성불할 수 없다고 주장한 것이다.

규기 이후로 법상종은 일관되게 이 일천제의 무성불설을 견지하였다. 하지만 현장과 규기 이후 법상종은 쇠락의 길을 면치 못하고 단명하는 종파가 되어버렸다. 이러한 유식종의 쇠락 원인은 다양한 관점에서 찾을 수 있지만, 그들이 주장한 일천제 무성설이 당시의 사상적 조류와 부합하지 못한 것도 쇠락의 중요한 원인이었음을 간과할 수는 없다.

우리는 살면서 흔히 착한 일도 하지만 반대로 많은 죄도 지으며 살아간다. 이는 욕망이 가득한 세계인 욕계에 살고 있기 때문에 어쩔 수 없는 것이기도 하다. 불교는 철저히 선인선과 악인악과의 인과법칙을 주장한다. 즉 살면서 착할 일을 많이 하면 좋은 곳에 태어나거나 궁극적으로는 부처가 될 수 있다고 믿는다.

그런데 아무리 착하게 살아도 부처가 될 수 없다면 우리는 좌절하지 않을 수 없다. 인간은 희망을 먹고 사는 존재이다. 즉 현실이 아무리 힘들어도 이를 극복할 수 있는 희망만 있다면 우리는 아픔을 극복하고 살아갈 수 있는 것이다. 이와 마찬가지로 우리에게 불성이 있어 우리도 언젠가는 부처가 될 수 있다는 희망은 인생을 살아감에 있어 큰 힘이 되게 한다.

그런데 법상종에서는 영원히 성불할 수 없는 중생들의 존재 가능성을 인정해 버렸다. 이는 어쩔 수 없이 죄를 짓고 살아야만 하는 우리들에게 외면 받을 수 있다는 위험성을 무시한 것이나 다름없다.

인간들은 일반적으로 타인의 이해와 관용을 요구하며 살아간다. 그렇기 때문에 비록 죄를 지었다 할지라도 죄에 대한 벌보다는 남들로부터의 이해와 용서를 더 바라고 사는지도 모르겠다. 우리는 아직 무명의 번뇌를 떨쳐버리지 못한 어리석은 중생들임에는 틀림없다. 그럼에도 불구하고 나도 언젠가는 성불할 수 있다는 실유불성 사상이 좀 더 마음에 와 닿는다고 하면 지나치게 이기적인 것일까?

토론주제

1. 불성이 우리들에게 이미 존재한다면 우리는 깨달음을 얻기 위해 노력할 필요가 있을까?

2. 불성이나 자성청정심이 원래 우리 마음에 존재하고 있다면, 우리는 왜 그것을 제대로 발현시키거나 완성시키지 못하는가?

3. 정말로 우리는 모두 다 부처가 될 수 있는 것일까? 또한 21세기를 살아가고 있는 나는 부처가 되고 싶은가, 되고 싶지 않은가?

참고문헌

정호영, 『여래장사상』, 대원정사, 1993.

소천일승, 『불성사상』, 고승학 역, 경서원, 2002.

라이용하이, 『중국불성론』, 법지 역, 운주사, 2017.

실존을 탐구하는 방법으로 화두는 효과적일까

우리가 넘어서야 하는 것

중국 선종은 불교 전통의 존재 탐구의 방식으로서 객체와 주체의 불가분리성을 탐구한다. 이때 세상을 반영하는 우리 자신을 성찰하여 눈 앞에 벌어지는 사건이나 현상의 본래 모습을 덮고 있는(增益: samāropa) 개념적 사유의 견고함을 허문다. 사실 마음은 찾을 길 없는 것이지만 그 마음의 그림자로서 우리가 사용하는 언어를 의심해보는 것은 개념으로 지은 인식의 집을 파악하고, 그 구조적 약점을 아는 길이다. 이러한 선 전통은 존재의 근본을 탐색하는 인식적 행위에 속하기 때문에 선을 '메타 철학'(meta-philosophy)으로 바라보려는 이해가 있다.[1)]

서구에서 간화선을 이해하기 위해 시도한 한 가지 방법론으로 선과 후기 비트겐슈타인(L. Wittgenstein, 1889-1951)을 비교해왔

1) 이 글에서 사용하는 메타적 반성이란 그리스어 메타(meta)의 '에 대하여', '뒤', '너머'의 의미를 가져와 사유의 근원을 탐구하는 인식적 성찰이다. 메타는 형이상학(形而上學)으로 번역되는 Metaphysics처럼 자연학(physika) 다음의 의미이지만, 존재의 근본을 연구하는 학문이라는 뜻에서 다음은 그것을 넘어선다는 의미도 내포한다.

다. 비트겐슈타인과 선을 비교 할 때, 셀만과 슈나이더(Sellmann & Schneider)가 접근한 방안은 '공안'(公案)으로 불리는 역설적인 문구나 물음을 후기 비트겐슈타인의 '언어게임'(language game)과 대비시키는 것이다. 선사상과 후기 비트겐슈타인의 비교는 언어의 한계에 대해 비판적/부정적 입장을 견지한다는 점에서 가능하다. 다만 이러한 비교를 위해서 우리가 언어를 불신할 수밖에 없는 한계와 전기 비트겐슈타인의 주장을 검토해볼 필요가 있다.

우리는 존재하는 대상과 그 대상을 지시하는 언어의 관계를 통해 사실을 파악한다고 여긴다. 그 이유는 언어가 지시하는 대상을 우리가 경험적으로 확인할 수 있다는 점에서 그 사실을 큰 의심 없이 받아들이기 때문이다. 이러한 태도를 설명하는 입장으로 우리의 인식은 세계를 비추는 거울과 같다는 '표상주의'(representationalism)가 있다. 즉 우리는 뉴스를 듣고 세상에 일어난 일들을 우리의 인식을 통해 그림처럼 재구성 할 수 있다. 이러한 입장을 확고히 했던 전기 비트겐슈타인은 세계와 언어가 대응한다는 '그림이론'(picture theory)을 제시한다. 이는 언어로 세계의 사실을 구성함으로써 주관과 객관, 인식 대상과 주체를 전제한다는 점에서 전형적인 이원론적 입장이다. 그가 전제한 이원론을 살펴보면 다음과 같다. 그는 세계를 "사실들(facts)의 총체"로 파악한다(『논고』, 1.11). 세계가 사실들의 총체이기 때문에 '대상들'(objects)은 그 자체로는 우리에게 스스로 의미를 주지 못한다. 이때 우리는 대상->사태->사실이라는 과정을 통해 현실을 알 수 있게 된다. 그래서 대상들은 세계의 실체를 형성하지만(『논고』, 2.021), 이는 '형식'과 '내용'으로 구분된다(『논고』, 2.025). 즉 언어와 세계는 일대일 대응관계로 이해되며, 명제는 그 형식을 통해 '세계'를 표현하고(『논고』, 3.2), 그 내용을 통해 의미를 드러낸다(『논고』, 3.3). 이런 이유 때문에 언어는 우리가 세계에 관해서 말하기 위해서 사용되는 것이다. 이러한 관점에서 비트겐슈타인은 언어란 이름과 이름이 결합하여 작은 요소명제가 되고, 이 요소명제들이 "명제들(propositions)의 총체"(『논고』, 4.001)로서 문장이라는 문법적 형식을 갖추며, 이는 이름 → 요소명제 → 복합명제를 통해 내용적으로는 참이나 거짓을 가진다고 본다(『논고』, 4.06).

언어와 세계의 대응이라는 가정을 전제한 전기 비트겐슈타인은 객관적 사실을 언어분석을 통해 알 수 있다고 생각했다. 그런데 전기 비트겐슈타인은 언어적 의미를 전달하는 최소 단위가 요소명제라고 진술하기 때문에, 우리에게는 복합명제의 의미가 결정되는 방식이 요구된다. 이런 관점에서 그는 명제들의 진리치를 산술적으로 계산할 수 있는 '진리함수 이론'(truth-function theory)을 제시한다. 비트겐슈타인에 따르면 우리는 언어를 분석해서 참/거짓을 판단할 수 있는 것이다. 이것을 다음의 사례를 통해 확인해보자.

설 연휴 셋째날인 29일 귀경행렬이 이어지면서 전국 주요 고속도로 곳곳 정체가 절정에 달하고 있다. 한국도로공사에 따르면 이날 오후 4시30분 현재 고속도로를 통해 수도권을 빠져나간 차량이 20만대, 들어온 차량은 26만대로 집계됐다.

여기서 뉴스 기사를 구성하는 문장들은 각각의 요소명제로서, 우리는 뉴스 영상을 통해 이 명제들에 대응하는 세계에 관한 의미가 사실에 부합하는지 아닌지를 확정할 수 있다. 다시 말해서 우리는 언어를 통해 세계에서 벌어지는 사태들을 파악할 수 있고, 그 사태들 가운데 무엇이 사실인지를 따져 물을 수 있는 것이다. 이처럼 비트겐슈타인이 언어분석을 통하여 참/거짓을 판단하려고 했던 목적은 '치유로서의 철학'(therapeutic philosophy)을 정립하기 위함이었다. 그는 우리가 언어와 세계, 그리고 사유의 한계를 통해 의미의 경계를 명확하게 인식하게 되면, 철학자들에게 펴져있는 "언어의 논리에 대한 오해"(『논고』, 머리말)로서의 '혼동'이 제거된다고 생각했다. 비트겐슈타인에 따르면 철학자들은 자연과학의 명제들과 다른 명제들의 겉모습의 유사성에 현혹되어, 세계를 넘어서는 것들, 즉 우리 경험을 넘어서는 것들에 대해서까지도 의미를 부여하려는 오류를 저질렀다(『논고』, 6.53). 이러한 관점에서 비트겐슈타인은 누군가가 형이상학적 주장을 할 때 '무의미'(nonsense)한 명제나, '사이비 명제'(pseudo proposition)들을 말하려고 할 때마다, 그 명제들에 아무런 의미도 부여하지 못한다는 것을 보여 주는 것으로써 철학의 역할을 수행할 수 있다고 생각한 것이다(『논고』, 6.54). 우리는 말할 수 없는 것에 관해서는 '침묵'해야만 한다(『논고』, 7). 이에 따라 철학은 사유를 명료하게 하여, 언어의 논리에 대한 오해를 제거하는 목적을 가진다.

전기 비트겐슈타인의 언어관은 객관적 의미의 명료한 기준을 세우려고 시도했고, 표면적으로는 성공했다. 그러나 객관적 의미 기준의 근거가 선험적 요청이기 때문에 문제가 되었다. 독특하게도 비트겐슈타인은 자신의 전기 철학을 스스로 극복한다. 사실 그는 전기 철학에서부터 치유의 철학을 통해 새로운 존재론의 지평을 탐구하려 했다. 결국 그는 객관주의가 가정한 존재론적 설정들이 우리의 요구라는 사실을 자각한다. 즉 그것은 가짜 존재로 사실은 실재하지 않는 것이며, 우리 바람의 투사물이다. 자신의 전기 철학을 반성하고 후기 시대로 이행하면서 새로운 철학적 지평이 열린다. 그는 스스로 자신을 속박하던 객관주의의 허상으로부터 벗어나 언어와 의미 문제를 새롭게 탐구한다.

언어 게임과 공안

비트겐슈타인은 전기철학에서부터 치유의 철학을 통해 새로운 존재론의 지평을 탐구하려 했다. 하지만 그는 객관주의가 가정한 존재론적 설정들이 우리의 요청이라는 사실을 자각한다. 즉 그것은 가짜 존재론으로 사실은 실재하지 않는 것이며, 우리 바람의 투사물이다. 따라서 후기 비트겐슈타인은 철학적 반성을 통해 자신을 속박하던 객관주의의 허물을 언어의 의미 문제를 축으로 벗어난다.

후기 비트겐슈타인은 자신의 전기 철학의 객관주의적인 요소들을 스스로 비판하며, 우리의 일상을 토대로 한 '가족유사성'(family resemblance)과 '언어게임'(『탐구』, 67, 7) 개념을 제시한다. 그는 자신의 전기 철학이 실재론의 유형임을 자각하였고, 그 결과 언어가 의미를 드러내는 것은 규약적/맥락적 배경을 통해 가능하다는 점을 밝힌다(『탐구』, 20). 이렇게 언어와 세계의 일대일 대응관계를 포기함으로써 그는 언어 상대주의로 돌아선다. 불과 20세기 초중반에 이루어진 비트겐슈타인의 철학적 성찰은 스스로를 표상주의적 전통에서 언어 상대주의자로 입장을 전환하도록 이끌었다.

우리는 낱말들이 가지는 공통된 속성을 정확하고 명확하게 정의하는 일은 쉽지 않다. 그는 이것을 설명하기 위해 '게임들'(games)을 사례로 제시한다(『탐구』, 66). 예를 들어 축구, 야구, 농구, 그리고 배구와 같은 구기종목을 생각해보자. 우리는 구기종목의 의미를 떠올릴 때 그 게임 자체의 '본질'을 염두에 두고 있지 않으며, 게임들 간의 관련성과 유사성을 관찰하고 비교하면서 그것들의 규칙을 따른다. 이런 구기 종목들은 모두 공통적으로 공을 가지고 게임을 하므로, 이것이 게임들의 가족 유사성을 만든다. 비트겐슈타인은 이 사례를 통해 언어들 간의 근친적인 특성을 설명한다.

후기 비트겐슈타인이 제안한 언어게임은 언어 사용 자체가 평상시 즐겨야하는 게임처럼 하나의 '행위'라는 것으로 그것이 인간에 의해 이루어진다는 점을 강조한다. 따라서 언어게임은 언어와 그것이 얽혀 있는 행위들로 구성된 것 전체이며, 말하는 행위에는 말하는 사람과 듣는 사람, 말하는 상황 등이 전제되고 규칙을 따르는 행위가 포함된다(『탐구』, 20).[2)]

이러한 언어게임의 유형으로서 공안은 '지적 역설'(intellectual paradox)이며, 스스로 묻고 그 답을 찾는 선문답은 선수행자가 처한 입장에 따라 다를 수 있다. 특히 셀만과 슈나이더에 따르면 "비트겐슈타인의 입장이 '개념상의 질병'(conceptual illnesses)을 치유하기 위해 언어의 한계를 지적하는 철학적 방법이라면, 선에서 공안은 자기중심적 한계를 극복하기 위한 '해탈적 기술'(liberative technique)이다."

> 우리가 파괴하는 것은 오직 사상누각들일 따름이다. 그리고 우리는 그것들이 서 있었던 언어의 토대를 청소하고 있는 것이다.(『탐구』, 118)

이 지점에서 후기 비트겐슈타인과 간화선이 만난다. 물론 불교는

2) 언어게임의 유사성: ① 언어사용에는 언어사용자가 있고 놀이에는 놀이하는 사람이 있다. ② 언어사용은 다양하며 놀이도 다양하다. ③ 언어사용과 놀이는 각각 규칙을 포함한다. ④ 언어사용이나 놀이는 사회적 행위이다.(『탐구』, 7); 다양성: 명령하고 복종하기, 대상의 모양을 기술하거나 측정하기, 기술을 통해 대상을 구성하기, 사건을 보고하기, 사건에 관하여 숙고하기, 가설을 만들고 그것을 실험하기, 도표에 실험결과를 보이기, 이야기를 만들기, 그것을 읽기, 연기하기, 돌림노래를 부르기, 어떤 언어를 다른 언어로 번역하기, 묻기, 감사하기, 욕하기, 인사하기, 기도하기 등이 그것이다.(『탐구』, 23); 규칙성: 하나의 언어게임에 참여할 때 그 언어게임이 갖는 규칙을 의미한다. 언어게임은 단지 언어사용 뿐만 아니라 모든 활동을 포괄하는 것이기 때문이다. 예를 들어 '노래부르기'라는 언어게임의 규칙은 음정과 박자에 맞게 악보를 읽는 것이 규칙이라고 할 수 있다.(『탐구』, 54, 197 참조).

전기 비트겐슈타인이 그 출발점이 아니라 후기 비트겐슈타인이 도달한 사유의 지평에서 모든 논의를 시작한다. 그렇기 때문에 있는 그대로의 실상을 알지 못하는 한 우리는 지각과 인식의 과정에서 끊임없이 주관적 의미를 만들면서 그것에 집착하는 경향성을 갖추게 된다. 따라서 선은 우리가 허구의 것에 집착하는 경향성을 반성하도록 유도한다.

사실 후기 비트겐슈타인의 언어게임이 철학사에서 큰 반향을 불러일으켰지만, 그것이 번뇌를 제거하기 위해 시작한 것은 아니다. 불교가 지향하는 목적지는 바로 그릇된 견해에 의한 잘못된 행위, 그리고 실체적인 자아에 대한 집착을 통해 악한 행동을 반복하는 우리의 경향성을 극복하고자 시도하는 데 있다. 이러한 고뇌의 근원이 번뇌이며, 불교는 중생고의 주된 원인을 번뇌로 특징짓는 교리의 특성상, 번뇌의 내용과 구조를 성찰하는 수행 전통을 완성했다. 언어적으로만 실재하는 것을 집착의 대상으로 또는 존재하는 실체로서 인식했을 때, 그것은 우리를 속박하는 것이며, 우리는 그것으로부터 벗어나야하는 것이다. 따라서 역설적이지만 모든 것을 있는 그대로 보고 있지 못하기 때문에, 이를 자각하기 위해 반드시 우리가 보고 있는 것에 대해 근원적인 의심을 시작해야 한다. 그리고 그 허구의 것을 부정해야 한다.

우리는 허구의 것에 익숙하므로, 있는 그대로의 실상의 세계는 오히려 마주하는 것을 두려워할 수 있다. 이는 지금까지 지속해온 형이상학적 구조물에 근거한 Top-down의 방식이 아니라, 나의 실존적 조건으로부터 찾을 수 있는 Bottom-up의 접근이다. 또한 '세계와 나'로 설정되어 있는 가짜 존재론으로부터 벗어나기 위해 우리는 우리의 실존부터 의심하고 부정하는 것에 익숙해져야 할 뿐만 아니라 아주 낯선 상황에 노출되어야 한다. 결국 우리는 부정에 의한 반성과 자기 존재에 대한 의심을 통해 확인해야 할 성찰의 지대에 도달해야 한다. 특히 이러한 강력한 의심과 부정의 사유를 추구하는 까닭은 존재의 근원적 허구성을 간파하기 위해 강력한 힘이 요청되기 때문이다. 버스웰(R. Busswell)에 따르면 화두 참구를 통해서 일어나는 실존적 의심은 우리의 지적 사유의 과정들, 자아감, 그리고 자존감에 대한 강렬한 압박을 만들어낸다. 어쩌면 이는 우리의 인식 방식의 보편적 문제점을 자각하기 위해 반드시 거쳐야 하는 반성의 과정인 것이다.

화두 : 실존에 대한 탐구

이제 간화선의 문제로 옮겨가보자. 간화선의 화두로서 "이것이 무엇인가?"와 육조혜능(慧能: 638~713)이 말한 "어떤 것이 그대의 본래면목인가?"라는 물음이 스스로를 되돌아보는 제1철학의 방법론이다. 사실 공안만으로는 간화선이 요구하는 인식적 지평을 체험하지 못하기 때문에 화두는 의심을 통해 한 생각이 일어나는 자리를 추적한다. 이는 번뇌라는 망념을 부수고 망념의 근거지를 찾아내기 위해서이다. 특히 올곧은 의심으로서 화두 참구에서 살아있는 화두의 역할을 강조하는 까닭은 공안을 실제 자신의 문제로 의심하는 것이 중요하기 때문이다.

동아시아불교 전통에서 결실을 맺은 간화선의 화두 참구는 앞에서 검토한 바와 같이 실재하지 않는 것을 요청에 부응한 투사물로서 구획하고 바라보는 우리의 편벽된 인식태도 혹은 인지적 오해를 부정한다. 물론 화두 역시 언어의 일종이지만 일상적 언어와 같은 지시대상을 지시하는 역할을 수행하지 않는다. 그 까닭은 화두가 지시하는 내용을 확인하는 의미 파악의 과정이 중요하지 않기 때문이다. 대신에 화두는 일상적 언어 사용의 용법에 속하지 않아서, 언어와 지시대상 사이의 규약적 관계를 차단하고 봉쇄한다. 다시 말해 간화선은 화두를 중요한 방법적인 수단으로 수용하였기에, 화두를 통해 일상적 이해방식 혹은 의미로 채워진 관념의 집을 붕괴시키는 역할을 수행해야 한다. 따라서 선의 목표는 자신과 세계를 존재하는 그 자체로 정확하게 이해하는 것을 중요한 과제로 삼는다.

결국 우리는 화두를 의심함으로써 그 길이 차단된 언어가 봉착하는 절벽과 마주하게 된다. 이는 언어와 대상 사이의 단절을 경험하게 하며, 더불어 언어와 사물 사이의 규약적 속성을 간파할 수 있게 된다. 다시 말해 언어가 사물과 관계 맺는 방식이 자의적이라는 사실을 반성하게 된다. 이를 통해 사물과 사건에 덧씌워진 의미를 제거하고 의미의 산출자가 자신이라는 사실을 철저히 자각함으로써 존재 일반의 세계를 구성하던 습관화된 마음의 속성을 반성하게 된다. 사실 우리가 사물과 사건을 이해하는 방식이란 우리의 개념체계에 의한 이해의 산물이며, 대상으로서 사물과 사건만의 속성이 아니다. 이러한 화두의 속성을 메타적 사유라고 할 수 있다. 이러한 화두의 메타적 기능을 보조지눌(普照知訥)은 『원돈성불론(圓頓成佛論)』에서 선의 언어를 '집착을 깨뜨리는'(破執) 언구라고 규정한다. 『간화결의론(看話決疑論)』에서 '맛이 없는 말'(無味之談), '앎과 이해를 깨뜨리는 기장(器仗)', 그리고 '얼굴을 태워버리는 불꽃'이라고 한다.

연이어 화두를 통한 메타적 반성을 진행하면 우리가 자각하게 되는 것은 화두 자신은 의미를 생산하지 않는다는 것이다. 그런 점에서 화두는 그 역할이 문자이나 문자가 아닌 언어도단(言語道斷)이다. 이는 서구 전통 철학이 주장하는 실재론에 대한 반성에 해당한다. 다음으로 한발 더 나아간 메타적 반성이란 우리가 지각하는 대상의 속성을 간파하는 것이다. 다시 말해 인식 너머의 세계에 우리가 접근할 방법은 없으며 부단한 해석과 의미부여의 과정이라는 반성을 통해 마음의 거울로서 드러난 대상에 대한 집착을 내려놓을 수 있도록 한다. 이는 근대의 데카르트(R. Descartes)가 멈추어 버린 지점일 수도 있다. 그는 더 나아가지 못하고 의심만큼은 부정할 수 없는 것으로 남겨두었다. 마지막으로 진일보한 메타적 반성은 존재(有)와 비존재(無)로 표현되는 희론의 토대를 반성하여 궁극적 해탈에 도달한다. 존재와 비존재를 만들고 그것을 집착하는 한에서는 개체로서의 속박은 지속하며 해탈은 있을 수 없다. 왜냐하면 우리의 의식이 능동적 기능(見分)과 수동적 영역(相分)으로 나뉘어 우리 인식 너머의 객관세계를 전제하고 각종의 것들을 실재한다고 허망하게 집착함으로써 쌓아온 것이기 때문이다. 따라서 이 과정은 '비이원성'에 대한 경험을 필수로 한다. 보조는 구조화된 인식의 이원성을 대혜가 규정한 지해지병(知解之病)을 가져와 십종지해지병이라고 명명하였다.

원초적으로 우리가 도달할 수 없는 영역이 있다면 나를 넘어선 타자의 세계다. 한편 저 너머의 무수한 타자와의 공존을 위해 우리가 설정한 개념의 세계로서 나의 인식의 영역이 있다. 이와 같은 이원적 세계를 구성하여 개체로서의 속박을 가속화시켜온 경향성으로서의 관성을 해체하는 것은 단순한 반성만으로는 불가능하다. 따라서 강력한 파괴력을 갖춘 수단이 요구된다. 간화선은 화두라는 의심을 통해 개체로서의 삶을 이어온 관성을 뛰어 넘을 것을 요구한다. 『간화결의론』에 따르면, 보조는 모든 개념적 이해를 거부하고 경험 자체만을 중시한다. 화두의 참구는 직접 경험을 해야 하는 것이지 분별 사량의 영역이 아니다. 다시 말해 화두란 화두라는 언어의 의미 분석을 하는 것이 아니라, 반복적으로 존재의 밑바탕을 의심하여 개체로서의 영속성을 단락적인 사건들이 연속하는 사실로 경험하고 확인하는 과정이다. 결과적으로 화두는 존재로서 구조화된 타자의 세계와 개체로서의 한계를 뛰어넘는 것이다. "어떠한 논리적인 구성도 인정하지 않고 해체함으로써 오히려 진실로 세계를 경험한다. 화두는 세계 자체를 부정하지 않는다. 언어에 의해서 그림 그려지고 해석된 세계를 해체한다. 화두는 오히려 그려진 세계에 과한 그림을 지우는 언어다."

밥상은 다시 밥상이고 책상은 다시 책상이다

이제 온갖 것을 차별하던 관성이 멈추고 의식의 세계에서 춤추던 삼라만상이 일시에 적막해지는 인식적 지평은 밥상과 책상을 구분하지 못하는 것과는 다른 경험적 지평이다. 우리가 밥상과 책상은 서로 무언가를 올려놓고 사용하려는 목적에 있어서 관련되어 있고 형태에 있어 유사할 수 있으며, 밥상은 밥을 먹음으로써 책상은 책을 봄으로써 고유의 의미를 갖는다. 밥상은 밥상의 본질이 있는 것이 아니며, 책상은 책상 고유의 본질이 있는 것이 아니다. 다만 책상과 밥상에 덧 씌워진 것을 스스로 제거하였기에, 그것의 차이란 규약적인 것임을 잘 아는 것이다. 또한 언어가 지시하는 내용만이 의미의 전부가 아니라 그것을 경험하는 방식에 따라 의미의 차이가 발생할 수 있는 것을 잘 아는 것이다. 그래서 깨달음 뒤의 삶은 존재 세계로의 귀향이면서도 과거로의 환원이 아니다. 다시 일상으로 돌아왔으니 "밥상은 다시 밥상이고 책상은 다시 책상이다".

토론주제

여러분이 알고 있는 형이상학은 사유를 통해 세계와 나의 본질을 탐구하는 것이다. 형이상학은 '있는 것'의 '있음'을 따지기 때문에 '존재자체'에 대해 탐구하는 것을 목적으로 한다. 결국 감각으로 볼 수 있는 사물을 넘어서 있는 제일원인 또는 최종근거를 탐구하는 것이 형이상학의 전통이다. 형이상학은 외적인 대상들로 이루어진 세계를 경험적으로 증명하는 것이 아니라 외계와 존재라는 개념의 의미를 해명하는 것이다. 즉 시작, 외계, 존재, 실재 등과 같은 개념들이 의미하는 바가 무엇인지를 이해하고자 한다. 왜냐하면 우리는 세계를 바로 시작, 외계, 존재, 실재와 같은 개념들을 매개로 이해할 수 있기 때문이다.[3] 따라서 형이상학을 통해 우리는 인간의 존재 의미, 삶과 세계의 본성이나 근거 등과 같이 전체를 지향하는 근원적이고 포괄적인 의문들을 탐구할 수 있다.

1) 간화선의 화두로서 "이것이 무엇인가?"와 육조혜능이 말한 "어떤 것이 그대의 본래 면목인가?"라는 물음이 스스로를 되돌아보는 제1철학의 방법론이 될 수 있을까?

2) 화두 역시 언어의 일종이지만 일상적 언어와 같은 지시대상을 지시하는 역할을 수행하지 않는다. 대신에 화두는 일상적 언어 사용의 용법에 속하지 않아서, 언어와 지시대상 사이의 규약적 관계를 차단하고 봉쇄한다. 예를 들면 칠판이나 담벼락에 '낙서금지'라고 적을 경우, 이 문구만 낙서가 아닌 것처럼 화두와 같은 언어의 속성을 우리는 무엇이라고 정의해야 할까?

참고문헌

남경희, 『비트겐슈타인과 현대 철학의 언어적 전회』, 이화여자대학교출판부, 2005.

인경, 『화엄교학과 간화선의 만남』, 명상상담연구원, 2006.

R. Busswell, 「간화선에 있어서 의정의 전환」, 『간화선 수행과 한국선』, 동국대학교 출판부, 2012.

3) 참된 존재로서 우시아는 형상(eidos)과 질료(hyle)로 구성되어 있다. 형상은 다양한 개별자들이 종의 본질적인 통일성과 구조적인 단일성을 부여하는 원리이다. 질료는 그 형상을 구체화하고 개별화하는 원리로 작용한다.

우리는 '공성'(空性 : Śūnyatā)을 통해 무엇을 알 수 있을까

슈냐(śūnya)와 0

인도 불교도의 경우 고대 그리스 철학에서 다루지 않았던 슈냐라는 주제를 탐구한다. 이 슈냐는 인도-아라비아 숫자체계에서 사용하는 0의 기원이다. 본래 슈나란 형용사로서는 공허한, 결여된, 명사로는 공백, 공허, 부재, 존재하지 않는 것, 형상화되지 않은 것, 사유되지 않은 것을 의미한다. 인도인들은 슈냐를 수의 요소와 관련지어 생각하였는데, 십진법에서 슈냐는 그것이 놓인 자리에 숫자가 존재하지 않음을 나타낸다. 이 슈냐는 인류의 기수법 체계를 단항 기수법(單項記數法, unary numeral system)과 명수법(命數法, sign-value notation)에서 위치값 기수법(Postional notation)으로 발전시킨다.[1)]

1) 4대문명 발생지를 중심으로 수의 개념을 보자. 바빌로니아 수는 60진법으로 1과 60의 표시가 같다. 자릿수의 원리가 도입되었지만 0의 개념이 없어서 수를 정확히 표현하기는 어려웠다고 한다. 이집트인들은 1, 10, 100, 1000, … 등을 나타내는 기호를 그림으로 표현하였는데, 기원전 3400년경 이전에 사용되었으며 10진법에 기초한다. 고대 중국인들은 10진법을 사용하였으나 0과 자릿값의 개념이 없어서 계산에서는 쓰지 않았다. 때문에 계산은 주판과 같은 계산기를 이용했다.

기수법이란 양을 기호로 표기하는 것을 말한다. 먼저 단항 기수법을 보자. 단위 수를 수직선, 원, 또는 점 등의 기호를 반복하는 방식으로 숫자를 나타내는 방식이다. 예를 들어서 1을 나타내는 기호가 ‘ ／ ’라면 3은 이 기호 ‘ ／ ’가 세 번 연속 ‘ ／／／ ’ 반복된다. 명수법은 특정한 수들에 대해서도 기호를 붙였는데, 예를 들어서 1을 나타내는 기호가 |, 10을 나타내는 기호를 @, 100을 나타내는 기호를 %라고 하자. 이 명수법에서 425는 %%%%@@||||| 또는 @@%%%%|||||로 표기할 수 있다. 그 까닭은 위치가 아니라 기호가 단위를 지시하기 때문이다. 즉 명수법 체계에서는 기호의 위치가 바뀌어도 양을 표시하는 데는 아무런 문제가 없다. 지금 우리가 사용하는 위치값 기수법은 너무 당연한 것이지만, 기수법은 십진법 체계에서 1부터 9까지의 기호는 ‘0’을 나타내는 기호의 발명과 함께 자리가 수의 단위를 지시한다. 예를 들어 394에서 3은 100단위, 9는 10단위 그리고 4는 1단위를 의미하듯이 말이다.

하지만 숫자 0을 이해하기 위해선 우리가 ‘공백’ 즉 비존재성이라는 개념을 먼저 가지고 있어야한다. 사실 ‘공백’이나 ‘부재’를 의미하는 ‘슈냐’라는 말은 아주 오래 전부터 인도의 삶과 문화에서 종교 및 신화적 사고의 핵심적 내용을 구성하고 있었다. 인도에서도 처음에는 ‘1’, ‘2’처럼 어떤 자리에 해당하는 숫자가 없으면 그 칸을 비워 놓고 표현을 했다. 6세기 초 빈 칸을 없애고, 대신 빈자리를 메우기 위해 그들의 언어에 있었던 슈냐라는 말에 해당하는 작은 동그라미(●이나 ○)를 표기하였다. 결국 108에서 가운데 자리의 0은 10단위 숫자의 공백을 의미할 수 있게 된 것이다.

슈냐의 역할 : 실체론 비판과 가치론적 허무주의 극복

중관학파의 교의는 용수(龍樹, Nāgārjuna: 150-250)로부터 시작해서 체계화된다. 중관학파의 주된 교의는 슈냐를 통해 확인할 수 있다. 용수가 정의하는 슈냐 즉 공(空)이란 형이상학적 실체가 없다는 것을 지시하기 위한 말이다. 이때 실체가 없다는 의미는 어떤 것 A가 보여주는 양상 또는 속성 B를 마치 A가 B를 소유하는 관계로 이해해서 안된다는 의미다. 그는 실체적 이해를 비판하기 위해 주어(실체)가 작용을 통해 드러난 속성을 소유하는 관계로 착각하는 사유의 형식을 문제 삼는다. 다시 말해 그가 문제시한 사유의 형식이란 일상 언어에서 주어와 술어를 통해 보여주는 우리의 언어적 표현들이다.

용수는 실체화된 주어와 작용 사이의 종속관계를 비판하기 위해 우리의 보편적인 언어 표현들이 봉착하는 모순을 도출한다. 그는 『중론(中論)』「관거래품(觀去來品)」의 오고 감에 관한 고찰에서 '가는 자'와 '감' 사이의 관계를 분석한다. 둘의 관계는 가는 자는 가는 자를 주체로서 실체화 했을 때, 가는 자로서의 실체와 감이라는 속성이 이분화되는 과정에서 설정된다. 이 관계에서 속성은 실체의 소유물이 된다. 마치 비가 명사화 되었을 때 비는 실체이고 내림은 비가 갖고 있는 속성으로서 존재하게 되는 것이다.

또 다른 사례로서 용수는 『중론』「관오음품(觀五陰品)」에서 우리가 지각할 수 있는 형상(色)을 갖고 있는 대상을 그 구성물로 나누어 분석한다. 예를 들면 자전거를 분해했을 때, 그 부속들에서는 자전거의 형상이 지각되지 않을뿐더러 자전거의 바퀴나 핸들(원인)로서가 아니라 자전거와 무관한 하나의 사물로 지각될 수 있다. 즉 자전거가 바퀴나 핸들 등을 소유하고 있다거나 그 부속들이 자전거의 일방적인 원인이라는 관념을 논파하는 것이다.

이 논변은 원인을 통해 결과를 유추하는 일반적인 인과율적 상식과 어긋나는 듯하지만 특별한 목적을 갖고 있다. 그 목적은 결과와 그 원인을 구분하는 우리의 사유 방식에서 실체적 구분을 문제삼는다. 사실 우리의 관념에서 지각의 대상으로서의 자전거와 그것을 구성하는 요소로서 부품들을 따로 분리할 수 있지만, 부품들 이외의 자전거란 별도로 존재하지 않는 것이다. 즉 부품들의 결합을 통해 온전한 자전거가 지각된다는 의미이며, 자전거란 개념 이외의 어떤 것도 아니다. 결국 이 논변은 실체적인 원인과 결과 사이의 관계를 거부하기 위한 것이다.

이어지는 「관오음품」에서는 실체론적 관계와 상호의존적 발생(緣起: pratītyasamutpāda)의 차이를 명확히 한다.

> 형상(색)의 원인을 떠나서 형상(색)이 있다면 원인이 없는 형상(색)이 되어버린다.
>
> 원인 없는 사물은 어떤 경우에도 존재하지 않는다.
>
> 더욱이 만일 형상(색)을 떠나서 형상(색)의 원인이라는 것이 있다면 결과가 없는 원인이 되는데, 결과 없는 원인은 없다.(『중론』「관오음품」 제2-3게)

결국 자전거란 부속들에 의해 상호의존적으로 발생한 것이기에 그 부속들이 곧 자전거이므로 자전거가 부속을 소유하는 관계란 성립하지 않는 것이다. 또한 자전거가 아직 없을 때는 그 부속들은 자전거의 부속이 아니라 바퀴 또는 안장 그 자체일 뿐이다. 이러한 논증의 목적은 원인과 결과란 상호의존적인 관계임을 밝히려는 것이다.

이상과 같이 '실체가 속성을 소유하는 관계'에 관한 주장이 봉착하는 모순을 도출하기 위해 용수는 두 가지를 제안한다. 먼저 실체가 없다는 것을 슈냐 즉 공의 사유를 통해 비판하고, 다음으로 상호의존적 발생을 통해 현상의 성립을 설명한다. 이는 두 가지 철학적 입장에 대응하기 위한 것이다. 그 입장은 존재론적 본질주의와 가치론적 허무주의이다.

우리는 형이상학적 원리 또는 실체성을 따르는 입장을 존재론적 본질주의라고 부를 수 있다. 이들에 대한 비판이 『중론』 전체에서 슈냐의 사유를 통해 이루어진다는 점에서, 『중론』의 철학적 태도가 분명히 반본질주의 노선이라는 것은 확인된다. 반면 본질주의 비판이 곧바로 허무주의에 대한 거부까지 연결되는 것이 아니라, 오히려 반본질주의 자체가 가치론적 허무주의로 간주될 수 있다. 이 지점에서 『중론』은 가치의 기준을 제시할 수 없는 입장인 허무주의에 대해 상호의존적 발생이라는 주장을 통해 대응한다.

이미 인도 사상사 안에서 나타났듯이, 우파니샤드(Upaniśad) 전통의 범아일여(梵我一如)론과 이들의 주장을 비판적으로 반성함으로써 등장한 자유사상가들 역시 회의주의적 태도를 극복하지 못하였다. 회의주의적 입장을 취했던 자유사상가들은 도덕 부정론뿐만 아니라 세계와 인간을 비인격적인 요소의 우연한 결합체라고 주장함으로써 짜르바까(Cāravāka)로 불리었다. 이들 짜르바까들은 감각적으로 지각 가능한 인상만을 타당한 인식수단으로 인정한다. 하지만 이들은 인간의 노력을 부정하고, 도덕적이며 정신적인 영역에서도 인과성을 부정한 무인론(無因論: ahetuvada)자이다. 이러한 단멸론(斷滅論)적 태도는 아트만(ātman)의 불변성을 주장하는 인도 우파니샤드 전통에 반대하는 허무주의로 간주된다. 결국 우파니샤드가 자기동일성을 가진 실체를 상정하는 존재론적 본질주의자라면, 짜르바까는 세계와 인간을 물질적 요소의 우연한 결합으로 설명함으로써 가치론의 영역에서 허무주의 노선에 위치하게 된 것이다. 이와 같이 짜르바까가 우파니샤드를 비판함으로써 본질주의를 거부하지만, 이런 반본질주의적 노선이 곧바로 허무주의로 전락하는 것이다. 따라서 실체론에 대한 비판이 곧 본질주의를 극복한 것이라고 장담할 수 없기 때문에, 이러한 가치론적 문제에 적극적으로 대처하는 것이 요청되는 것이다.

사실 『중론』에서 제시한 '슈냐'와 같은 언어적 표현의 부정적 기능 때문에 중관학파의 경우 허무주의의 혐의를 받아왔으며, 이에 대한 대처가 『중론』 「관사제품(觀四諦品)」에서 다루어진다. 논적의 논리에 따르면 '슈냐'라는 법이 있다면 사성제(四聖諦, catvāri-āryasatyāni)가 존재하지 않기에, 사향사과(四向四果, aṣṭau puruṣapudgalāḥ) 마저 존재하지 않게 된다. 따라서 승가(僧伽, saṃgha)가 없고 정법이 없기에 슈냐를 설하는 자는 삼보(三寶, trīratna)를 파괴하므로 모든 존재는 공해서는 안되게 된다. 이에 대한 반론으로 용수는 슈냐가 설해진 까닭과 의미를 알지 못하여 '슈냐의 의미'를 없다(無)라는 뜻으로 이해하여 슈냐를 주장하는 이들을 허무주의자라고 비판한다고 말한다.

이어지는 『중론』 「관사제품」에서는 슈냐가 상호의존적 발생과 어떤 관계인지 설명한다.

> 우리는 연기를 슈냐라고 말한다. 그것(슈냐)은 의존적인 언어표현(假名)이다; 그것은 실로 중도이다.(『중론』 「관사제품」 제18게)

슈냐란 상호의존적 발생의 다른 표현으로 현상 밖에 자체적 존재성을 가진 초월적 원리를 주장하지 않고서도 일체 현상의 발생과 소멸을 설명하는 이론이다. 슈냐가 상호의존적 발생과 매개되면서 실체론 비판과 허무주의 극복이라는 철학적 과업을 완수한다. 이를 중도적 조망이라고 부른다.

이와 같은 중도적 조망이 실체론 비판을 통해 이루어지면서 본질주의 전통에 대한 중관불교의 비판적 입장을 반본질주의 또는 탈형이상학으로 간주한다. 또한 짜르바까와 같은 길을 걷지 않는 새로운 길로서 모든 반본질주의가 가치론적 허무주의가 아니라는 것도 보여준다. 이는 이미 실체론 비판의 과정에서 용수가 제시하고 있는 바와 같이, 모든 현상이 원인과 조건에 의해 발생한다는 연기관에서 찾을 수 있다. 그러나 이 원리는 본질주의와 허무주의 양쪽을 모두 거부할 수 있는 근거이므로, 『중론』에 나타난 입장만으로 허무주의적 우려를 불식시킬 수 없기에 이에 대해 새로운 대응 논리가 요청된다. 따라서 실체론 비판과 함께 어떻게 가치론적 허무주의를 극복할 것인가를 제시해야 하는 것이 엄밀한 의미에서 중도적 언명을 달성하는 길이다.

슈냐의 중국적 변용

『중론』은 구마라집(鳩摩羅什, Kumarājīva: 344-413)이 『청목주』를 한역하는 과정에서 고대 중국에 소개된다. 최소한 구마라집에 의해 동아시아에 소개된 인도 중관학파의 사상은 대체로 용수의 계보로서 제바(Āryadeva, 提婆: 170-270)에서 청목으로 이어진다. 청목(piṅgala, 靑目: 미상)은 『중론』「관사제품」 제18게의 주석에서 존재(有)와 비존재(無)의 부정으로서 '비유'(非有)와 '비무'(非無)의 중도가 상호의존적 발생과 슈냐 즉 공(空)과 어떤 관계에 있는지 제시한다.

> 여러 원인과 조건에 따라 발생한 법을 우리는 공(空)한 것이라고 말한다. 왜인가? 여러 조건이 갖추어지고 화합한 바 사물이 발생한다. 그 사물은 여러 원인과 조건에 속하는 것이기 때문에 실체가 없다. 실체가 없이기 때문에 공한 것이고, 공한 것도 또한 공하다. 다만 중생을 인도하기 위하여 가명(假名)으로 설한 것이기 때문이다.
>
> 존재와 비존재의 양 극단을 떠났기 때문에 중도라고 부른다. 이 법은 실체가 없기 때문에 존재라고 부르지 못한다. 또한 공한 바도 없기 때문에 비존재라고 부르지도 못한다. 만일 법이 실체성이나 자체적인 특징을 갖는다면, 여러 조건을 기다리지 않고서도 존재할 것이다. 만일 여러 조건을 기다리지 않으면, 법도 존재하지 않는다. 그러므로 공하지 않는 법은 존재하지 않는다.(「관사제품」 제18게 청목주)

즉 여러 사물은 원인과 조건에 의존하고 구성된 것이기 때문에 ① 만들어지지 않은 것 ② 다른 것에 의존하지 않는 것 ③ 그 사물을 떠나지 않는 고유한 속성, 이 세 가지를 가지지 못한다. 그러므로 원인과 조건에 상호 의존하여 발생한 사물은 모두 실체성을 결여한다. 이처럼 상호의존적으로 발생한 사물의 특징은 실체성을 결여한 것이며, 이것이 슈냐 즉 공의 의미이다. 또한 '공인 것'이라는 사물이 별도로 존재하는 것도 아니다. 그러므로 공도 또한 공이라고 말하고 중생을 위하여 존재하지 않는 것에 잠시 이름을 붙였으므로 '가명'이라고 말한다. 또한 상호의존적으로 발생한 사물은 어떤 실체성도 갖지 못하기 때문에 존재성도 비존재성도 갖지 못한다. 따라서 상호의존적으로 발생한 사물은 '비유비무'(非有非無) 즉 존재성도 비존재성도 갖지 않는다.

이와 같은 비실체성에 근거한 이해를 토대로 존재론적 극단을 부정하고 상호의존적 발생에 근거해 가치론적 극단을 부정한다. 이는 '존재와 비존재'의 극단을 떠났다는 점에서 '중도'라고 말해진다. 따라서 중도란 존재성와 비존재성에 관한 논의가 사라져 드러나는 것일 뿐이지, 존재성과 비존재성이 부정되고 다시 존재성과 비존재성이 사라진 자리의 있음을 따로 세우지 않는 것이 중관학파의 태도이다.

구마라즙의 뛰어난 제자였던 승조(僧肇: 384-414)는 『조론(肇論)』을 지어 『중론』에서 논의하던 존재와 비존재의 부정으로서 비유비무적 이해를 소개한다. 이러한 이해를 승조가 저술한 『조론』 가운데 가장 초기 저작으로 알려진 「반야무지론(般若無知論)」에서 고요함(寂)과 작용(用)이라는 술어에 적용하여 표현한다.

> 힐난하길, 논에서 '작용을 말한 즉 다르고, 고요함을 말한 즉 같다고' 하는데 반야 안에서 작용과 고요함의 차이가 있다는 것에 대해 알지 못하겠다.
>
> 답하길 작용이 곧 고요함이요 고요함이 곧 작용이다. 작용과 고요함은 체로서 하나이다. 다 같은 곳에서 나오지만 다르게 명칭한다.

인용문에 따르면 작용과 고요함은 동일한 본체에서 비롯하므로 결국 둘은 둘이 아닌 바이다. 「반야무지론」의 논의는 먼저 현상적인 차원에서 우리의 일상적 앎이 대상들에 대한 차이에 대한 인식임에도 이를 정확히 알지 못하는 것을 지적한다. 다시 현상들의 차이를 규정하는 것은 일상적인 분별적 인식으로서 부정되어야 할 것이지만, 이러한 인식과는 상대적인 분별이 없는 인식이 긍정된다. 이때 일반인의 의식은 언어적 관념을 조건으로 존재와 비존재, 안과 밖을 구분하는 분별을 쌓는다. 이는 다양한 현상계의 차별로 작용을 의미한다. 반면 그 작용의 이면은 모든 현상의 원리로서 고요함으로 대변된다. 그리고 작용과 고요함이 동일한 본체라는 사실을 아는 지혜(般若)는 개념을 통한 사고를 끊었으므로 앎이 없는 것(無知)이다.

> 무릇 아는 것이 있다면 알지 않는 바가 있다. 성인의 마음은 앎이 없으므로 알지 않는 바가 없다. 알지 않는 앎이기에 '모든 것에 대한 앎(一切知)'이라고 말한다.

여기에서 다양한 현상계의 차별과 현상적 원리, 그리고 그 둘이 둘이 아닌 사실로서 세 가지 양상으로 구분할 수 있다면, 다양한 현상계의 차별로서 '관습적 진리', 현상적 원리로서 '진리', 다양한 현상계의 차별과 현상적 원리가 둘이 아닌 중도로서 '궁극적 진리'의 영역을 승조의 사유를 빌려 명시할 수 있다.

비유비무 : 중도와 상즉

전통적으로 존재의 배후에 본체를 상정하는 본질주의자들의 주장과 그들과 정반대의 주장을 단·상, 일·이와 생·멸, 래·출과 같은 개념으로 표현한다. 이들 개념에는 형이상학적으로 요청된 관념의 구조물이 배후에 자리하고 있거나 혹은 그러한 존재론적인 구조물을 거부하는 입장이 담겨있다. 이때 모든 쟁론이 '상견과 단견' 혹은 '존재와 비존재'로 모아지고, 이들은 존재론적 본질주의와 가치론적 허무주의로서 중도적 조망을 통해 양극단으로 배척된다. 이는 슈냐 즉 공이 존재론적 본질주의를 비판하고 상호의존적 발생이 가치론적 허무주의를 비판함으로써 공과 상호의존적 발생은 중도라는 언명으로 매개된다. 이제 용수가 제시한 중도적 조망을 승조는 어떻게 계승했는지 살펴보자. 하나는 「부진공론(不眞空論)」이다.

> 비록 있으나 없는 것은 소위 비유라고 한다. 비록 없으나 있는 것은 소위 비무라고 한다.

「부진공론」은 존재와 비존재의 논의에 근거해 진리와 관습적 진리에 관한 입장을 통해 상즉관을 보여주는데, 이 논의는 '모든 법은 존재도 아니고 비존재도 아닌 바를 일컬어 궁극적 진리'라는 『중론』의 논의를 통해 시작한다. 승조는 비실체성으로써 진리인 비유와 다양한 현상의 있음으로써 관습적 진리인 비무를 정의하면서 부정의 사유를 거친 존재와 비존재를 제시한다. 즉 부정의 사유를 거친 존재와 비존재는 존재도 아니고 비존재도 아닌 바로서 궁극적 진리인 것이다.

> 진리와 관습적 진리의 차이가 있습니까? 다름이 없다고 답하였다. 이 경에서는 곧바로 말하길, 진리는 비유로 밝히고 관습적 진리는 비무로 밝힌다. 어찌 진리가 두 가지라고 해서 사물이 두 가지로 있겠는가?

이는 존재라는 개념이 실체성을 전제하고 있기에, 실체론적으로 이해하던 위진(魏晉) 시대의 사유를 극복하기 위해 진행한 논의이다. 이 지점에 대한 이론은 없다. 다만 인도 중관학파의 논의 주제였던 유로서의 존재와 무로서의 비존재에 관한 논쟁을 위진 현학에서 논의하던 유와 무의 논쟁으로 재구성한 것인지, 위진 시대의 사상적 영향 하에서 유와 무의 논의를 지속한 것인지 이 지점은 분명하지는 않다. 하지만 승조가 저술한 논서에는 자신의 논거로 『중론』을 분명히 인용하고 있으며, 현상은 공을 본질로 하므로 실체성을 지닌 본체란 실재하지 않는 비유이지만 원인과 조건에 근거하여 발생하기에 비무인 것이다. 이에 대한 근거는 『중론』의 상호의존적 발생의 의미에 따른 것이다.[2] 더불어 공과 상호의존적 발생에 근거해야만 존재론적 논쟁의 극단으로서 상견과 가치론적 논쟁의 극단으로서 단견에 대해 최적화된 대응을 할 수 있다.

이를 『중론』에서는 현상 그 자체가 상호의존적 발생을 통해 발생하고, 형이상학적 실체성을 거부하며(공성), 현상과 원리의 관계를 중도로 지향함으로써 존재론적 극단과 가치론적 극단의 유형으로서 상견과 단견의 허물을 극복한 것이다. 승조 역시 『중론』의 입장에 따라 중국적 상황에 맞는 충실한 적용을 하고 있다. 다음 구절은 중국 사상사에 중도적 사유를 적용한 승조의 입장을 잘 보여주고 있다.

> 사물이 없는 것(無)이라고 말한다면 사견(斷見)이 미혹함이 없는 것이고 사물이 있는 것(有)이라고 말한다면 상견(常見)의 얻음이 있게(옳은 것이) 된다. 사물은 비무(非無)라 해야 사견은 미혹함이 있

2) "중론에서 이르길 사물은 인연으로부터 [생겨나기에] 비유이며, 연기하기에 비무이다. 이치를 탐구하면 그러하다!" 『조론』「不眞空論」(대정장 45, 152b29-c1)

고 사물은 비유(非有)라 해야 상견의 얻음이 있는 것이 아니다(그른 것이 된다). 그런즉 비유비무야말로 진실한 궁극적 진리의 말이다.

결국 승조는 비유비무를 통해 본체와 현상의 이원화된 사유를 극복하고 진리와 관습적 진리가 둘이 아님을 통해 둘이 다르지 않다고 밝히고 있다. 승조는 비유와 비무의 이치를 통해 현상과 본체가 따로 떨어진 것이라는 이원적 사유를 극복한다.

승조의 중도와 상즉의 입장을 확인해볼 수 있는 또 다른 단서는 「열반무명론(涅槃無名論)」이다.

진리란 무엇인가? 열반의 길이다. 관습적 진리란 무엇인가? 존재와 비존재의 법이다.

이어지는 논의에 따르면 '존재는 비존재를 상대한 존재로서, 비존재란 존재를 상대한 비존재로서 나타난 상대적 개념'들로서 상호의존하여 시설된 가명이다. 이것들은 실체성이 없는 것으로서 세간에서 관습적으로 통용되는 언어적 세계이므로 관습적 진리이다.

승조는 위진 시대의 유와 무로 범주화하던 입장을 비유비무라는 부정의 사유를 통해 궁극적 진리의 의미를 드러내면서도, 궁극적 진리를 새로운 제3의 인식대상으로 삼은 것으로 보이진 않는다. 즉 관습적 진리와 진리의 구별은 두 개의 존재세계를 지칭하는 것이 아니라 인식주관에 따른 구별일 뿐이다. 따라서 공하다는 사실을 깨닫는 것은 현상의 참된 모습을 올바로 파악하는 순수한 인식론적 사건이다.

인도 중관학파의 입장은 원리나 바탕이 되는 본체와 다양성으로 표현되는 현상의 관계를 설명할 때 중도적 시각에서 조망한다. 승조는 이를 중국적 이해의 틀로 가져와 본체로서 무와 현상으로서 유로 표현되던 두 지시대상을 비유와 비무라는 사유 안에서 융합한 셈이다. 이 해석을 통해서 궁극적 진리의 영역에서 공으로서 진리와 세속으로서 현상은 다른 것이 아닌 사태 그 자체로 받아들여지며, 비유와 비무는 상즉할 수 있다. 또한 이를 통해 존재론적 본질주의로서 상견과 가치론적 허무주의로서 단견을 거부하는 것은 인도 중관학파의 근본적 입장과 동일하다. 이런 승조의 상즉관은 『중론』에서 이제적 사유와 중도적 관점을 상즉관이라는 한 묶음으로 보여준다는 점에서 승조만의 특색이 있다.

토론주제

인도의 본질주의 전통은 그들의 언어 관습과 밀접한 관련성을 보인다. 인도 산스크리트 문법학(Vyākaraṇa)에 따르면 동사의 동작(kriyā)과 관계를 기준으로 문장에서의 역할을 정한다. 예를 들면 '데바닷타는 부인을 위해서 자신의 수레를 타고 마을에서 숲으로 간다'(bhāryāyai devadatto svasya rathena gramvt vanaṃ gacchati)라는 문장은 '감'이라는 행위와 관련된 부인이라는 수여의 대상, 수레라는 이동 수단, 마을이라는 분기점, 숲이라는 목적지의 여섯 가지 문법적 요소를 보여준다. 이는 인도 문법학이 실체론적 언어관에 기초함으로써 문장의 구성에서도 실체들 사이의 상호 작용과 포섭관계로 이해한다는 점이다. 이는 행위주체와 행위를 별개의 것으로 구별하기 때문에 무언가 식별한다는 행위는 그것과 별도의 행위주체를 필요로 한다. 결국 이러한 문법적 전제는 행위주체가 행위를 소유하는 관계로 이해하는 원인이 된다.

1) 인도의 문법학자처럼 '소극적 실재론'으로 알려진 실재론자들의 사유 방식은 비단 언어관에서만 비롯한 것일까?

2) 형이상학의 주제로서 비존재 또는 비어있음에 대해 우리는 사고할 수 있을까? 만약 사고할 수 있다면 그것을 통해 우리는 무엇을 알 수 있게 될까?

참고문헌

金星喆, 『중관사상』, 민족사, 2006.

사이토 아키라 외, 『공과 중관』, 남수영 역, 씨아이알, 2015.

허인섭, 「조론에서의 반야와 공 개념의 성격 고찰」, 『불교학연구』 제11호.

의식에 대한 반성은 존재의 실상을 자각하는 길인가

현장법사와 손오공

> "손오공, 그대는 천궁에서 큰 소동을 일으킨 탓으로 내가 법력을 써서 오행산 아래 눌러두었으나, 다행히 하늘이 내린 재앙의 기한을 다 채우고 불문에 돌아왔다. 그리고 기쁘게도 악한 성품을 감추고 착한 마음씨를 온전히 드러내어, 서천으로 오는 도중에 숱한 요괴 마귀들과 싸워 굴복시키는 데 적지 않은 공을 세웠으므로, 그대를 투전승불(鬪戰勝佛)로 삼겠다."(3: 370)

동양소설의 걸작으로서 『서유기』는 삼장법사와 세 명의 제자, 손오공과 저팔계 그리고 사오정이 대승 경전을 구하기 위해 서역으로 떠나면서 겪게 되는 온갖 모험담을 담고 있는 책이다. 이 줄거리를 토대로 만들어진 한국 애니메이션이 '날아라 슈퍼보드'이다.

『서유기』의 실제 배경은 당 태종 즉위 3년(서기 623년) 당시 26세이던 현장(玄奘)이 천축국(지금의 인도)으로 새로운 불교를 배우러 들어가서 17년 만에 고국으로 돌아온 일화다. 그는 지금의 중앙아시아 우즈베키스탄 남부 지역과 아프가니스탄, 파키스탄, 인도에 이르는 길을 무려 3년 동안 여행한 끝에 인도에 도착하였다. 그리고 북인도의 '나란다(Nalanda) 사원'에서 학문을 닦았으며, 당시 인도 곳곳을 순례하면서 불교의 유적과 성지를 참배하였다.

당시에도 현장은 아요디야(Ayodhyā)로부터 갠지스 강으로 내려갔을 때, 일행이 수적(水敵)에게 잡혀 두르가(Durgā)를 위한 희생 제물이 될 뻔 했으나, 때마침 일어난 국지성 폭풍덕분에 목숨을 건진 일화 등이 전해진다. 고국으로 돌아와 자신의 여행기를 당 태종에게 바쳤는데, 이것이 중국 역사상 가장 유명한 기행문인 『대당서역기』이다. 그는 세상을 떠날 때까지 불경과 논서를 1,330권이나 번역하였다. 훗날 그가 역경한 경론들이 한반도와 일본에까지 전파되어 동아시아불교가 크게 번창하는 데 이바지했다. 특히 그가 수학한 나라다 사원은 인도 유식학파의 산실로 그가 전한 인도 유식학파의 사상은 의식을 통해 존재의 실상을 탐구하고 있었다.

법상종과 인도 유식사상

중국 법상종(法相宗)은 미륵(彌勒, Maitreya), 무착(無着, Asanga), 그리고 세친의 유식학파로부터 기원한다. 현장은 나란다 사원에 머무르면서 호법(護法)의 제자 계현(戒贇)으로부터 호법 계통의 유식설을 전해 받은 이래로 고국에 돌아와 유식 관련 경론(經論)을 역경하여 유식의 교리를 선양했다. 법상종이란 이름에서 알 수 있듯이 일체 존재(法)의 실상(相)을 탐구하는 종파(宗)란 뜻이다. 또한 오위백법(五位百法)을 세우고 알라야식(阿賴耶識)을 근본으로 하기 때문에 유식종(唯識宗)이라고도 한다. 중국의 법상종의 시조는 현장의 제자였던 규기(窺基: 632~682)다.

현장은 호법의 설을 중심으로 하여 『성유식론(成唯識論)』을 번역하였고, 그의 제자인 규기가 이를 주석한 『성유식론술기(成唯識論述記)』와 『대승법원의림장(大乘法苑義林章)』 등을 저술하여 법상종을 조직화했다. 특히 『성유식론』의 주요 논제가 『섭대승론』에서 시작하여 『유식삼십송』에서 완성된 알라야식의 존재론적 위상과 역할에 대한 논증이다.

중국 법상가들이 받아들인 인도 유식학파의 사유는 존재 세계의 참모습을 인식 외부에서 찾지 않는다. 오히려 그들은 외부 세계를 탐구하기보다 우리의 인식에서 존재의 근거를 찾는다. 이는 무착이 저술한 『섭대승론』에 잘 나타나있다.

『섭대승론』에서 제시한 알라야식설의 특색은 크게 두 가지다. 먼저 알라야식을 세계내 존재의 근저(根底)로서 명시한다. 다시 말해 우리가 경험하는 모든 외적 사건들이 알라야식이라는 우리의 심층 의식에 토대해 경험한다는 말이다. 다분히 관념론적 입장을 취하는데 물리 세계의 근거를 물리 세계 자체에서 찾기보다 심층 의식에서 그 기원을 찾는다는 점이 독특하다. 또 다른 특징은 한 개체의 윤회 상속의 과정을 논리적으로 설명한다는 점이다. 이는 세계 존재의 근저로서 알라야식의 특징과 맥이 닿아있다. 왜냐하면 우리의 생사의 경험을 설명하려면 반드시 전통적인 까르마 즉 업에 관한 논의를 담보해야하기 때문이다.

유식학파는 행위가 끝난 후 과보를 받을 때까지 까르마가 어떤 식으로든 영향력이 유지·보존되어야하기 때문에 알라야식을 제시한다. 무수한 생을 사는 동안 축적된 까르마가 다음 생에도 인과 법칙의 오류 없이 발생하려면 이론적 설정이 필요하기 때문이다. 예를 들면 인도의 까르마의 법칙으로 발생의 근본 원인(作因)의 측면에서 신이 창조했다거나(창조설), 모든 것은 과거에 행한 업에 따라 결정된다거나(숙명론), 그리고 현상은 어떠한 원인이나 근거가 없이 발생한다는 주장(무인론)이 있다. 여기에서 창조설과 숙명론 그리고 무인론은 까르마의 법칙을 설명하는데 실패한 이론으로 간주된다.

유식학파는 개체의 속박에서 벗어나는 의지적 노력을 중요시하기 때문에 12지 연기설을 근거해 한 개체의 삶의 연속성을 설명한다. 이 원리가 순차적인 발생 개념에 의거한 12지 연기 개념의 틀 내에서 개체의 변화 과정으로 묘사된다. 예컨대 『섭대승론』은 12지 연기의 첫 번째 지분인 무명을 번뇌로 물든 개체의 상태로, 두 번째 지분인 행(saṃskāra)을 업 형성의 주체라고 정의한다. 『섭대승론』의 해석은 행이 태어날 존재의 복락과 고통을 누릴 상태(gati)를 결정하여 새로운 삶을 가능하게 한다는 것이다.

> [알라야식이 없다면] 업잡염(karmasaṃkleśa)이 발생한다는 것이 왜 타당하지 않는가? 12연기에서 행을 조건으로 하는 식이 있다는 것이 타당하지 않기 때문이다. 그것(알라야식)이 없다면 취를 조건으로 하는 존재(有)가 있다는 것도 타당하지 않기 때문이다.(『섭대승론』「소지의분」)

여기에서 문제가 되는 것은 한 개체가 까르마를 상속할 때 근저에 알라야식의 존재가 상정하지 않은 채로 찰나 생멸하는 신체적 상태와 현현하는 의식만으로 까르마의 법칙 즉 인과가 성립할 수 없다는 점이다. 다시 말해 『섭대승론』「소지의분」에서 무착은 개체의 변화 상속 과정을 설명하기 위해 제시한 12지 연기설과 한 찰나 전에 발생한 표층의식으로서의 전6식만으로는 다음 찰나에 발생하는 마음의 심리적 토대(所依根, āśraya)를 구성할 수 없다는 논리에 근거하여 알라야식의 존재가 요청된다고 주장한다.

> 요약하면 알라야식의 본질은 모든 종자를 가진 이숙식인데, 거기(알라야식)에 3계에 [속하는] 모든 개체와 모든 생존형태가 포함된다.(『섭대승론』「소지의분」)

결국 무착은 알라야식에 까르마를 보존하고 성숙시키는 역할을 부여한다. 그는 표층의식인 전6식이 심층의식인 알라야식에 까르마의 효과를 인상(印象)의 형태로 남기는 것을 훈습으로 정의한다. 훈습된 습기가 곧 바로 식물의 씨앗과 같은 종자가 되어 새로운 생을 이끄는 것이 알라야식의 기능이다. 즉 알라야식은 까르마를 훈습하므로 이숙식(異熟識, vipāka-vijñāna)이며, 종자들을 담보하므로 일체종자식(一切種子識, sarvabījaka)이다. 따라서 일체의 종자들이 바로 우리 까르마의 결정(結晶)이다. 이는 우리가 경험하는 모든 외적 사건들의 근거다.

유식과 경험

무착 이후 세친은 여러 논서를 저술하면서 마지막으로 『유식삼십송』을 통해 유식학설을 정립했다. 이 경우 유식(唯識)의 의미란 우리가 경험하는 모든 외적 사건들이 인식일뿐이라는 말이다. 하지만 무착이 사용한 알라야식, 이숙, 일체종자라는 개념만으로 우리가 경험하는 물리 세계가 어떻게 종자로부터 기원하는지 분명하지 않다. 이 문제가 『유식삼십송』에서 식전변설(vijñānapariṇāma)로 종합된다. 다시 말해 알라야식, 이숙, 그리고 일체종자라는 개념이 바

수반두의 식전변설을 통해 물리 세계의 성립을 가능하게 된다.

> 갖가지 자아와 현상세계(法)에 대한 가설은 실로 식의 변현의 과정에서 일어난다. 그리고 그 변현의 과정은 세 가지이다.
>
> 이숙과 사량과 대상에 대한 인식이다. 이 중에 이숙이란 알라야라고 부르는 식으로서 일체종자를 가진 것이다.(『유식삼십송』)

우리가 세계를 이해한다는 말에는 자아와 현상세계라고 하는 이원적 구조가 전제되어 있다. 이때 세친은 의식 너머에 '현상 세계'와 그에 상대하는 '자아관념'이 모두 우리 의식으로부터 변현한 것으로 정의한다. 다만 우리는 그러한 사실을 알지 못한 채로 현상세계와 나로 이원화되어 우리 바깥의 있는 것을 감각 지각(느낌)한다. 이러한 느낌은 신체의 특정 상태에 대한 지각인 것을 의심하지 않으며 동시에 사고의 특정 방식 그리고 특정 주제를 가진 생각에 대한 반응으로 간주한다. 일반적인 우리의 지각과 인식 과정을 보면, 감각 지각을 한 이후 언어적으로 인식(사고)하여 그 상황에 따른 어떤 대응을 할 것인지 의사 결정(의욕작용)한 뒤 말과 행동으로 표현한다는 점에서 외적 세계는 우리의 감각 지각과 상관없이 존재하는 것이다.

반면 우리는 눈, 귀, 코, 혀, 그리고 피부라는 다섯 신체 감각기관을 통해 포착한 외부 정보를 모두 개념적으로 인식하지는 않는다. 그 까닭은 주변의 잡다한 일들 가운데 한 가지 정보에만 주의를 모으거나 순차적으로 정보를 분석해야하기 때문이다. 『유식삼십송』을 주석한 『성유식론』에 따르면 형상, 소리, 향, 맛, 신체적 접촉 등을 통해 받아들인 감각정보를 해석하는 감각기관은 시각적 인식,

청각적 인식, 후각적 인식, 미각적 인식, 그리고 신체적 인식능력을 필요로 한다. 다섯 가지 인식능력은 다섯 감각기관과 다섯 대상이 적절한 시공간적 위치에 놓일 때만 발생하며, 그 대상물의 전체를 한 번에 파악하는 것이 아니라 그것의 단편적 외관들을 순차적으로 인식한다. 이와 같은 물리적 세계는 매순간 우리의 인식능력 등에 현현하는 감각적 단편들로 찰나마다 인연을 따라 생멸하는 것이다. 그래서 지각에서 판단에 이르는 과정은 우리가 알고 있는 것을 보는 상대적 상황에 노출된다. 더불어 형상, 소리, 향, 맛, 신체적 접촉 등과 같은 감각자료는 우리가 지각은 하더라도 그것은 이미 해석된 정보에 토대한다.

다시 말해 우리가 감각자료를 직접 접촉할 기회가 없기 때문에 이를 해석하는 경험주의적 입장이 지지받을 수 있다. 그런데 물리세계의 근거가 우리의 의식 특히 알라야식의 종자로부터 변화한 것이라면 이는 어떻게 가능할까? 『성유식론』은 이런 상황을 형상, 소리, 향, 맛, 신체적 접촉 등과 같은 감각자료를 통해 구성한 인식대상을 알라야식의 변현으로 생각한다. 이를 논증하기 위해 심지어 물질의 최소 단위인 극미를 분석한다.

> ①[알라야]식이 전변할 때 양의 크고 작음에 따라 [우리의 의식에] 단박에 한 가지 인상이 현현하는 것이지, 별도로 많은 극미들을 변하게 해서 한 가지 사물로 합성해내는 것은 아니다. ②거칠은 형상에 대해 실체가 있다고 집착하는 사람들을 위해서, 부처는 극미를 설하여 그들로 하여금 [집착을] 제거하며 [그 물질] 쪼개보도록 한 것이지, 모든 물질에 극미가 실재로 존재한다고 말한 것은 아니다. ③유가사들은 거짓된 인상에 대한 앎으로써 거칠은 형상들의 인상을 점차로 제거하고 쪼개다가 더 이상 쪼갤 수 없는 데 도달한

> 것을 '극미'라고 가설한 것이다. 비록 이 극미는 부분이 있어도 더 이상 쪼갤 수는 없다. 만약 다시 그것을 쪼개면 곧 마치 비어있는 것처럼 드러나서 형상이라 이름할 수 없다. 따라서 극미란 바로 형상의 궁극이라고 설한 것이다. ④이에 따를 때, 모든 형상을 가진 것은 모두 [알라야]식이 변현해낸 것이지 극미로 이루어진 것은 아님을 알아야 한다(『成唯識論』 T31, 4b).

우선 감각자료를 통해 구성한 인식 대상 가운데 형상을 가진 대상은 물질로서 그 최소 단위인 극미들이 결합된 형태이다. 당연히 극미만큼은 부정할 수 없을 테지만 이 극미마저 알라야식의 변현이라는 주장이다. 상식적인 실재론을 거부하더라도 감각자료의 출처는 최소한 우리 바깥의 세계라고 전제해야함에도 이를 인정하지 않는다. 이 경우 개별적인 경험이야 꿈과 같은 것으로 치부할 수 있어도 함께 거주하는 공간에서 보게 되는 길, 건물, 그리고 자연환경을 설명해야 한다.

또한 자연 환경과 같은 물리적 세계가 그 자체로 존재하는 것이라기보다는 오직 '의식'의 인식대상으로서 일련의 실재인 것처럼 나타난다고 할 때, 그러한 물질의 본성을 제약하는 중생 각자의 알라야식이란 결국 개별적이고 유한한 것이기 때문에 '의식'에 현현된 물리적 세계라는 것도 고립된 유아론적 세계에 불과할 수도 있다.

이에 대해 유식논사들은 바로 '종자' 개념을 확장해서 알라야식에 내재된 공통된 종자 즉 공상종자(共相種子)의 힘이 무르익어 그로부터 우리가 물리적 세계의 갖가지 존재들로 인식하는 대상들이 나타난다고 답한다. 예를 들어 인간에게 공통으로 경험되는 물리적 세계는 과거에 서로 유사한 까르마의 결과로서 개체들에게 남겨진

공통된 종자에 의해 현현된 것이다. 따라서 각각의 알라야식들이 개별적으로 물리적 세계를 변현해냄에도 불구하고 그 객관 세계의 인상들은 공상종자의 힘에 의해 현현한 것이기 때문에 서로 유사한 인상을 띠게 된다. 『성유식론』은 마치 여러 개의 등잔 불빛들이 서로 장애하지 않고 각기 두루 비추면 그 빛에 의해 현현되는 처소가 마치 하나의 공간처럼 보이는 것과 같다고 묘사한다.

우리의 인지 과정

규기가 저술한 『대승법원의림장』은 그의 저작 중 제일이다. 이 책의 내용은 유식교학의 주요 부분을 분별 해석한 것이다. 특히 인식의 성립 과정을 구체적으로 기술하고 있다. 만일 『성유식론』에서 주장과는 별개로 감각정보의 출처를 물리적 세계로 전제한다면 지각과 인식의 과정에 대한 탐구는 최근 진행되고 있는 인지과학과 비교해볼 만할 것이다. 특히 『대승법원의림장』 「오심장(五心章)」은 감각지각과 인식의 과정을 다섯 가지 마음의 체계로 정립했다.

> '홀연히 대상을 지각하는 마음(솔이심, 率爾心)', '지각한 내용이 무엇인지 탐구하는 마음(심구심, 尋求心)', '지각한 대상을 확정하는 마음(결정심, 決定心)', '도덕적 성격이 결정된 마음(염정심, 染淨心)', '동일한 의식상태가 지속하는 마음(등류심, 等流心)'이다. 『유가사지론』 제1권 「오식신상응지(五識身相應地)」에 따르면 "안식이 발생함으로써 세 가지 마음이 있다. 순서대로 홀연히 대상을 지각하는 마음, 지각한 내용이 무엇인지 탐구하는 마음, 지각한 대상을 확정하는 마음이다. 첫 번째는 안식(감각 지각)에 속하고 [나머지] 둘은 의식(분별지)에 속한다. 지각한 내용이 무엇인지 탐구하는 마음 이후에 도덕적 성격이 결정된 마음이 있다. 이것이 이후에 연속

하며, 안식이 [도덕적] 선·불선의 [속성]을 나타낸다. 안식이 발생하는 것과 같이 신식(이식, 비식, 설식, 신식) 또한 마찬가지이다." 처음 세 가지 마음의 성질은 동일한 [도덕적 무기]이기에, 다만 세 가지 언어로 표현하는 것이며 실제로 뒤의 두 가지를 아우른다.(『대승법원의림장』「오심장」)

우리가 우리 자신의 마음을 분석하는 방법은 무엇이 있을까? 먼저 우리의 감각 지각과정과 개념 인식과정을 나누어 살펴볼 수 있다. 잘 들여다보면 우리의 오감 즉 눈, 귀, 코, 혀, 신체 감각기관이 지각한 감각 정보를 해석하는 것을 알 수 있다. 서구 심리학에서는 지각 과정을 다섯 단계로 구분한다. 외부 자극(external stimulus) → 자극을 받음(stimulation) → 감각(sensation, 무분별의 경험) → 지각(preception, 정보 해석단계) → 느낌(feeling, 주관적으로 평가된 지각)으로 구분한다. 『대승법원의림장』의 「오심장」에서는 홀연히 대상을 지각하는 마음 → 지각한 내용이 무엇인지 탐구하는 마음 → 지각한 대상을 확정하는 마음 → 도덕적 성격이 결정된 마음 → 동일한 의식상태가 지속하는 마음으로 감각 지각과정과 개념 인식과정을 나누어 제시한다. 어떤 측면에서 「오심장」은 개념 인식과정이 더욱 세분화되어 있는 것으로 보인다.

인지과학에서 밝히고 있듯이 지각에서 운동까지 우리의 반응 양상은 외부 감각 정보를 부호화(coding)면서 통분하는 특징이 나타난다. 이 때문에 감각 정보를 '범주화'(categorization)하는 수렴 과정을 반드시 거치게 된다. 즉 우리가 외부 자극이나 어떤 사건을 지각할 때, 우리의 인지과정은 감각 정보를 범주적으로 수용한다는 사실에서 범주화 행위에 대한 무의식적 조건화를 살펴봐야 한다. 여기에서 범주화란, 예를 들면 눈에 1억 개의 광감각 세포가 있지만 100여만 개의 신경 섬유만이 두뇌로 통한다. 따라서 외부에서 들어오는 상은 약 1/100 정도로 통분되어 정보의 부호화가 범주적으로 이루어진다. 이런 종류의 신경상의 범주화는 정보를 해석하는 우리 능력의 구조이다. 이는 감각 지각과정 이후 대상을 확정하는 과정으로 결국 감각 지각과정과 개념 인식과정은 연속하는 관계에 있다면 우리가 지각한다는 것은 이미 개념적 인식 과정이다.

특히 지각한 대상을 확정한 다음 그 내용에 대해 좋음과 싫음과 같은 가치적 판단은 도덕적 성격이 결정된 마음에 해당한다. 하지만 어떤 상황에 대한 우리의 반응 양상은 상당히 복합적인 평가와 경험 내용의 의미에 의존한다. 따라서 사람마다 반응 양상이 다를 수 있다. 반면 내가 본 것을 다른 이들도 봤다는 사실을 통해 비슷한 기분이나 생각을 가졌을 거라고 우리가 유추할 수 있는 까닭은 우리에게 유사한 신체적 조건뿐만 아니라 정서적 공감 능력 덕분이다. 최근 정서에 대한 연구 결과 특정 정서가 어떤 문화권에서는 자주 경험되지만 다른 문화권에서는 경험되지 않을 수 도 있다는 사실에 착안해 정서체계를 감각적 반응에 주요한 배경으로 고려한다.

결국 한 개인의 마음이란 정서체계라고 본다면 상당수가 보편적인 정서를 가질 수도 있고 극히 소수만 향유하는 정서를 가질 수는 있는 상대성을 설명할 수 있는 것이다. 이는 보편적인 정서를 이해하기 위해서 그 문화권의 역사적 배경을 통해야 하고, 개인의 정서는 공동체가 공유하는 보편적 정서 기반 위에 그 사람의 가족사와 주변관계를 통해 살펴볼 때 더욱 분명해진다. 이는 동일한 문화권 안에서는 어떤 특정 정서를 경험 할 때 정확한 상황에 따라 사람들이 어떻게 행동해야 하는지에 대한 규칙을 가질 수 있도록 돕는다는 점에서 도덕 판단은 다분히 정서의 산물이다.

토론주제

우리의 마음을 정서체계로 정의해 놓고 보니 그 성격이 조금 더 구체적으로 다가온다. 그 성격 가운데 외부 사건에 반응하는 첫 양상으로 감각 느낌을 꼽을 수 있다. 또한 감각 느낌에 대한 표현 방식이 말하고 행동하는 것이다. 말하기는 언어를 산출하는 측면에서 산출자의 의도된 생각을 알 수 있도록 돕는다. 즉 우리의 마음을 언어적으로 표현한다는 측면에서는 언어는 우리의 생각을 알 수 있는 또 다른 창구다.

1) 언어만이 우리가 우리의 생각을 알 수 있는 유일한 도구일까?

2) 감각 지각과정과 개념 인식과정을 "홀연히 대상을 지각하는 마음 → 지각한 내용이 무엇인지 탐구하는 마음 → 지각한 대상을 확정하는 마음 → 도덕적 성격이 결정된 마음 → 동일한 의식상태가 지속하는 마음"이라고 제시한 「오심장」의 설명에 우리의 인지과정에서 누락된 설명이 있는지 검토해보자.

참고문헌

안토니오 다마지오, 『스피노자의 뇌』, 임지원 역, 사이언스, 2007.

Johansson, 『초기불교의 역동적 심리학』, 허우성 역, 경희대학교출판문화원, 2006.

안도 오사무, 『심리치료와 불교』, 인경 스님 · 이필원 역, 불광출판사, 2010.

한 생각과 세계는 어떠한 관계인가

– 천태종의 일념(一念) 이해 –

천태종(天台宗)은 혜문(慧文, 약550년)과 혜사(慧思, 515-577)를 거쳐 지의(智顗, 538-597)에 이르러 사상과 수행체계가 정비된 불교종파이다. 천태종은 중국 최초의 종파불교로서 화엄종(華嚴宗)과 더불어 중국화된 이론불교를 대표한다. 지의가 절강성(浙江省)에 있는 천태산(天台山)에 장기간 머물며 교의를 정립했기 때문에 그 산의 이름을 따서 종파의 명칭을 천태종이라고 부른다. 혜문과 혜사, 지의, 관정(灌頂), 담연(湛然) 등에 의해 체계화된 교의를 천태학이라고 하며, 이후 동아시아불교의 학문적 성격을 보여주는 대표적 사상으로 자리하고 있다. 천태종은 북인도나 중앙아시아에서 만들어진 것으로 보이는 대승불교 초기 주요경전인 『법화경(法華經)』의 체계적인 해석을 통하여 그들의 세계관을 구축한다.

『법화경』은 우주의 통일적인 진리로서의 일승(一乘)의 미묘한 교법을 강조하며 보편적인 가르침을 추구한다. 천태법화사상은 다(多)라는 구체적 현실에 입각하여 일(一)이라는 총합적 통일 곧 일승을 지향한다. 천태종은 부처와 지옥, 선과 악, 이상과 현실 등으로 대비되는 세계의 모습을 한 생각 곧 일념의 전개로 보며, 일체 존재와 현상의 진실한 모습을 드러내고자 한다. 존재계의 실상을 관찰한 십계호구설(十界互具說), 부처와 악의 관계를 묻는 성악설(性惡說), 한 생각의 마음이 온 우주라는 일념삼천설(一念三千說) 등의 근본 교리에서 이러한 일념 이해는 심화되어 전개된다. 이러한 교설은 총합적이고 절대적인 세계를 지향하는 철학 체계를 제시하는 한편, 구체적 현실 곧 중생의 마음을 통하여 보편적 진리를 바로 깨닫는 수행관으로 연결된다.

지옥과 부처세계

천태학에서 인간의 실상을 관찰하여 10단계로 제시한 이론이 십계호구설(十界互具說)이다. 지의(智顗)의 가르침을 제자 관정(灌頂)이 기록한 『마하지관(摩訶止觀)』에서는 미혹과 깨달음의 세계를 열 가지 종류로 구분한다. 한 생각을 하면 전개되는 십계(十界)는 지옥, 성냄이 많은 아귀, 어리석은 축생 세계, 인간, 아수라, 천상 등의 여섯 가지 윤회하는 미혹세계와, 부처의 설법을 듣고 깨달은 성문(聲聞), 인연을 관찰하여 깨달은 연각(緣覺), 일체중생을 제도하는 보살(菩薩), 모든 존재의 있는 그대로의 모습을 통찰하여 원만한 지혜를 성취한 부처[佛] 등의 네 가지 깨달음의 세계로서 중생이 직면하는 경계이다.

십계호구설에서는 이 10가지의 어떤 세계도 지옥세계로부터 부처세계에 이르는 열 가지 영역을 모두 구비하고 있다고 생각한다. 지옥은 아귀세계에서 부처세계에 이르는 각각의 계를 구비하고, 부처세계 역시 지옥에서 보살세계에 이르는 모든 계를 두루 갖춘다고 본다. 인간계가 지옥에서 부처 세계를 내재하듯이 부처의 영역도 지옥과 인간 세계를 포함한다. 지옥도 부처세계를 갖추고 있지만, 지옥은 부처세계가 감추어지고 지옥만이 드러나 있을 뿐이다. 부처세계도 역시 지옥에서부터 보살에 이르는 나머지 세계를 잠재하지만 부처의 모습을 현현하고 있다. 십계호구설에 따라서 열 가지 경계가 서로를 내포하는 곳은 곧 한 생각이다. 이 중생의 찰나적 생각이 십계의 인과를 만든다. 그러기에 일념은 십계를 두루 갖추고서 지옥세계로 타락할 수도 부처세계로 상승할 수도 있는 것이 된다.

인간계는 10개 영역 가운데서 중간 단계에 위치한다. 부처의 세계에서 보자면, 인간계는 악과 고통의 세계이다. 지옥계에서 보자면, 인간계는 선과 즐거움의 세계이다. 곧 인간계는 지옥과 부처 세계 사이에서 윤회하는 불완전한 존재계라고 할 수 있다. 일념(一念)의 관점에서 보자면, 중생의 순간적 마음이 십계의 원인을 만들고 그 과보를 짓는다. 그러기에 중생의 주체적인 마음에 의해서 10단계의 경계는 극복될 수 있다. 미혹의 세계에서 깨달음의 세계로 도약하는 것은 곧 중생의 한 생각이 단계적으로 상승하는 것으로 이해할 수 있다.

지옥세계에서 부처세계에 이르는 모든 세계는 사실 중생의 현실적 생각이다. 모든 존재는 다른 존재의 본성을 이미 일념 속에 구비한다. 그러기에 지옥에서 극락을 볼 수도 있고, 부처 세계에서 지옥 중생을 구제할 수도 있다. 중생의 한 생각이 이 모든 세계를 만들어 내는 것이다. 중생 속에 부처가 포함되고, 부처 속에 중생이 포함되는, 그 모든 존재계의 근거는 중생의 한 찰나 생각이다. 이 한 생각을 근거로 중생은 십계의 어느 세계에도 태어나는 것이 가능하게 된다.

그러기에 일념(一念)을 기반으로 전개한 십계호구설은 중생의 심성활동을 강조한다. 중생들의 주체적 심성활동에 의해서 십계라는 대상세계의 구분은 극복이 가능해진다. 지의는 『법화현의』에서 "마음은 마법사와 같아서 하루 종일 여러 종류의 중생(衆生), 여러 종류의 오음(五陰), 여러 종류의 국토(國土)를 만든다. 말하자면 지옥국토나 불국토이다. 수행자는 어떤 길을 따를지 스스로 선택하는 것이다."라고 설한다. 각자가 어떤 삶을 살지는 어떤 생각, 어떤 마음가짐에 따라 달라진다는 것이 십계호구설이다.

한 생각과 온 우주

번쩍 지나가는 짧은 순간의 한 생각 속에 우주만유가 갖추어져 있다는 천태종의 유심적(唯心的) 세계관을 일념삼천(一念三千)이라고 한다. 일념(一念)이란 범부가 일상생활에서 일으키는 한 찰나의 순간적인 마음 곧 중생심(衆生心)을 말하고, 삼천(三千)이란 십법계(十法界)에 십여시(十如是)와 삼세간(三世間)을 곱한 것으로 우주 전체를 말한다. 『법화경』에 등장하는 십여시란 형상[相], 본성[性], 주체[體], 힘[力], 작용[作], 원인[因], 조건[緣], 결과[果], 과보[報], 본말궁구(本末究竟) 등의 열 가지 범주의 이러함으로써 모든 현상을 인식하는 원리이다. 『대지도론(大智度論)』에 등장하는 삼세간(三世間)은 삶의 주체로서의 중생 세계인 중생세간(衆生世間), 중생이 사는 환경인 국토세간(國土世間), 존재를 구성하는 기본요소인 오음세간(五陰世間)로 중생계 성립의 요소가 되는 세 가지 세계를 말한다. 그러기에 삼천이란 삼라만상이 생성 소멸하는 전체 세계인 우주를 숫자로 나타낸 것이다. 이러한 삼천세계 곧 온 우주 전체는 한 생각의 마음속에 모두 갖추어져 있다는 것이 일념삼천설이다.

『마하지관(摩訶止觀)』에서는 이러한 찰나의 한 생각 속에 온 우주의 통일적 원리와 전체적 모습이 완연하게 들어있다는 유기적 세계관을 전개하고 있다.

> 저 일심(一心)은 십법계(十法界)를 구족하고 있으며, 일법계(一法界)는 또 십법계(十法界) 및 백법계(百法界)를 구족한다. 일법계는 삼십 종류의 세계를 구족하며, 『대지도론(大智度論)』에 의하면 세간에는 중생세간, 국토세간, 오음세간의 세 가지가 있으며, 각 일법계가 각각 십법계를 구족한다. 따라서 전부 삼십 종류의 세간이 있는 것으로 된다. 백법계는 곧 삼천 종류의 세간을 구족한다. 이 삼천이라는 것은 한 생각의 마음(一念心)에 있는 것으로, 만일 마음이 없어지면 이것도 사라지고 만다. 겨자씨와 같은 작은 것에도 마음만 있다면 곧 삼천 종류의 세간을 구족할 수 있는 것이다.

범부가 일상생활에서 겨자씨와 같은 한 가지 사물을 생각하는 순간에 이미 마음속에는 삼천세계 곧 온 우주가 들어있다는 가르침이 일념삼천(一念三千)이다. 일념(一念)이란 주관을 안으로 무한하게 확장한 것이고, 삼천이란 객관을 밖으로 무한하게 확장한 것이다. 이러한 주관과 객관의 무한한 확장을 통해서 성립된 절대적 상즉(相卽)의 공간에서 일념삼천의 사상은 입론되고 있다.

한 순간 일어나는 생각에 모든 존재와 현상의 진실한 모습이 그대로 갖추어져 있다는 것이 일념삼천이므로, 일념을 잘 관찰하면 제법의 실상을 알 수 있게 된다. 이때 관찰할 일념이란 범부가 현실의 일상생활에서 경험하는 주체적 마음을 말하므로 진여심(眞如心)이 아니라 중생심(衆生心)이라고 한다. 사실 중생 마음의 일념에는 온갖 잡생각과 함께 그 본성인 진여는 불가분의 관련을 맺는 것이기 때문에, 중생은 망념(妄念) 속에서 삼천세계의 진실한 모습을 깨달을 수 있다. 지옥의 나락과 부처의 깨달음을 오가는 바탕은 바로 이 중생의 일념이다.

혜사는 『대승지관(大乘止觀)』에서 삼세(三世)와의 관련 속에서 일념(一念)을 풀이하고 있다.

> **묻는다.** "지금 나의 일순간의 생각이 삼세의 장구한 시간과 같은가? 그리고 앞에 보이는 미세한 먼지가 곧 시방(十方)의 광대한 공간과 같은가?"
>
> **답한다.** "한 순간의 생각은 과거, 현재, 미래의 각각과 같을 뿐만 아니라 또한 삼세의 전체 시간과도 같다. 하나의 미세한 먼지는 시방의 각 공간과 같을 뿐만 아니라 또한 삼세의 전체 공간과도 같다. 왜냐하면 모든 현상적인 법은 오직 한 마음이기 때문이다. 현상적인 법이 궁극적으로는 일심이기 때문에 이들 사이에는 본질적인 차이가 없다. 그러나 마음은 모든 현상적인 작용을 포함하기 때문에 일심은 곧 차별적인 현상으로 드러난다. 그러므로 항상 동일하면서도 항상 다르다. 법의 영역은 본래 그러하다."

천태종의 일념삼천설은 지옥세계와 인간계, 부처세계 등의 그 모든 세계가 지금 현재 중생의 이 마음의 전개라고 세계를 파악하는 것이다. 일념삼천설은 전체 우주의 상태를 한 생각 안으로 총합하여 통일적으로 제시한다. 그러기에 마음은 일체의 법이고, 일체의 법은 마음이라고 세계를 이해하는 입장에 선다. 이 한 생각이 온 우주에 편만하고, 무한한 온 우주는 이 한 생각에 응집한다. 이렇게 한 생각과 온 우주가 서로 분리되지 않고 밀접한 관련을 맺는 것으로 세계를 보는 것이다. 이때 일념을 실체적인 원리나 토대로 이해한다면, 천태종의 일념삼천설은 무아(無我)나 무상(無常)을 주장하는 불교 전통에 배치되는 관념론이 되어버린다. 그러기에 일념은 무상한 흐름 속의 의식하는 경험적 한 순간으로 이해하며, 그 마음에서 세계를 주체적으로 보는 것으로 일념삼천설을 파악해야 한다. 『마하지관』에서는 마음과 세계의 관계를 아래와 같이 풀이한다.

> 만약 일심(一心)에서 모든 법이 생겨난다고 하면 이들 관계는 종적(縱的)이다. 만약 마음이 일시에 모든 법을 포괄한다면 이들 관계는 횡적(橫的)이다. 종으로 파악하는 것도 횡으로 파악하는 것도 안 된다. 다만 마음이 모든 법이고, 모든 법이 마음이기 때문에, 그들 관계는 종적이지도 않고 횡적이지도 않고, 같지도 않고 다르지도 않다.

일념삼천설은 범부가 중생심을 통하여 모든 존재와 현상의 실상을 관찰하여 깨달음을 이루기 위한 체계이다. 모든 현상과 경계는 중생의 한 생각 속에 본래 갖추어져 있는 것이어서 다른 의지처가 따로 필요하지 않다는 것이 곧 일념삼천설이다. 한 순간의 생각 속에 온 우주의 진실한 모습을 나타낼 수 있다는 것이다. 이 설에 따르면, 무간지옥(無間地獄)도 한 생각 마음에 있고, 깨달음의 부처세계도 한 생각 마음을 넘어서 따로 존재하는 것이 아니다.

부처와 악

부처세계에도 지옥세계를 갖추고 있다면, 한층 더 나아가면 부처에게도 지옥의 악(惡)이 있는 것이 된다. 깨달음을 얻은 부처에게도 과연 악은 있는가? 마치 서양철학에서 절대적으로 선(善)한 존재인 신(神)에게서 어떻게 악이 나왔는지를 해명하는 변신론(辯神論)의 문제가 천태종의 심성론(心性論)에서도 문제가 된다. 악의 문제는 통상적으로 선(善)과 대비된다. 악이 없다면, 악의 전환인 선 또한 무의미한 것이 된다. 곧 악을 부정하여 버리면 선의 의미도 사라져 버린다. 천태종에서는 악한 중생을 제도하는 부처라면, 부처도 악을 알고 있어야 한다는 문제를 논의한다. 『법화현의(法華玄義)』에서는 부처는 본성으로서의 악을 함유하지만, 행위로서의 악[修惡]은 없다며 성악(性惡)의 문제를 해명하고 있다.

> 범부(凡夫) 마음의 한 생각에는 바로 십계(十界)가 갖추어져 있어서, 모두 악업(惡業)의 본성과 모습[性相]이 있다. 다만 악의 본성과 모습은 바로 선의 본성과 모습이다. 악으로 말미암아 선이 있고, 악을 떠나서 선은 없다. 모든 악을 뒤집으면, 바로 선의 자량이 성취된다. 대나무 속에 불의 본성이 있다. 아직 이것이 불을 일으키는 것이 아니기 때문에, 있다고 해도 타지 않는다. 조건을 만나서 일이 이루어지면 사물을 태울 수 있는 것과 같다. 악이 바로 선의 본성[善性]이 된다고 해도 아직은 이것이 구체적인 사실이 되지는 않는다. 조건을 만나서 사실이 되면 악을 뒤집을 수 있다. 대나무에 불이 있고, 불이 나와서 도리어 대나무를 태우는 것과 같다. 악 속에 선이 있고, 선이 이루어지면 도리어 악을 파괴한다. 그러므로 악의 본성과 모습에 즉하여 선의 본성과 모습이 있다.

위의 『법화현의』에서 지의는 십계호구설과 연계되어 선악(善惡)의 관계가 해명되고 있다. 범부 마음의 한 생각인 악(惡) 곧 무명(無明)은 선(善) 곧 명(明)과 분리되어 따로 존재하는 것이 아닌 것으로 보고 있다. 선도 악 가운데에 있고, 악도 선 가운데에 있는 것이다. 선과 악이 이렇게 서로 단절되는 것이 아니고 밀접하게 관련된다고 파악하는 관점을 선악상즉(善惡相卽)이라고 한다. 이러한 관점에서 보면, 악이 없으면 선도 없다. 곧 선과 악은 서로의 존재를 필요로 한다. 지의는 이러한 선과 악이 분리되지 않는다는 관점에서 악한 존재를 구제하기 위해서는 부처도 본성 차원에서는 악을 지니고 있는 것으로 파악하는 것이다. 부처도 지옥의 속성을 내재하는 것으로 보는 십계호구설의 관점과 관련이 되고 있다.

선성(善性)과 악성(惡性)은 본래 갖추어져 있어 단절되지 않는다. 곧 선과 악은 서로 분리되지 않는 밀접한 관계로서 서로 통하는 것이다. 부처에게도 악이 있고 지옥에도 선이 있다. 그러기에 지옥 중생도 부처가 될 수 있다. 부처는 악한 성질은 가지고 있지만, 악에 통달하여 악을 포용하고 제어한다. 부처에게 악한 성질이 있어야 악한 존재의 심정을 이해하고 구제할 수 있다. 그렇지만 부처는 선한 성질로서 선한 행위를 성취한 자로서 악한 행위는 없다고 본다.

『관음현의(觀音玄義)』에서는 부처와 악의 관계에 대해서 다음과 같이 해명한다.

> 부처는 비록 성악(性惡)을 단절하지 않았더라도 악(惡)을 통달할 수 있다. 악에 통달했기 때문에 악에서 자유자재할 수 있다. 그러므로 악에 오염되지 않고, 악을 닦아서 악을 일으키지 않기 때문에, 부처는 영원히 악을 되풀이하지 않는다. 악에 자유자재하기 때문에 널리 모든 악의 법문을 사용하여 중생을 교화하고 제도할 수 있다. 온종일 악을 사용해도 온종일 오염되지 않는다.

본성으로서 악 곧 성악(性惡)이 부처에게 있다고 해서 부처가 악에 속박당하는 것은 아니라고 한다. 또한 악에 통달해야 악을 제어할 수 있고, 부처는 악을 방편으로 사용하더라도 악에 물들지 않는다고 한다. 성선(性善)과 성악(性惡)이라고 구분하지만, 그 선악의 근저에는 대승불교의 근본인 공성(空性)이 전제된다. 그러기에 선으로서 악을 이해하고, 악으로서 선을 이해하는 것이 가능하다. 이러한 논리에서는 선근(善根)이 끊어진 존재로서 성불이 불가능한 일천제(一闡提)도 본성에 선을 함유하고 있어서 언젠가는 성불할 수 있는 존재로 이해한다. 일천제와 부처는 악에 물들었는가, 아니면 악에 통달했는가에 차이가 있을 뿐이다. 부처는 수행을 통해서 악의 활동을 끊고 있지만 본성으로서의 악을 가진 존재이다. 곧 부처는 악을 가졌지만, 악에 통달하여 그것에 오염되지 않을 뿐이다. 이러한 천태종의 성구설(性具說)은 범부와 중생 사이에 차별이 없다는 사실을 마음의 본성론과 관련해서 대담하게 포착하고 있다.

마음 바로 보는 법

동아시아 이론불교를 대표하는 천태종은 부처의 세계를 실현하는 실천수행 방법 또한 중시한다. 『마하지관』에는 모든 존재의 실상을 통찰하는 수행법, 곧 한 찰나의 마음에서 바로 제법의 실상을 포착하는 수행방법인 관심법(觀心法)이 등장한다. 이러한 수행법은 스승 혜사의 『대승지관(大乘止觀)』에서 해명하는 지(止, samathā)와 관(觀, vipaśyanā)에 대한 이해를 바탕으로 지의가 실천불교로 체계화한 것이다. 지의는 제법실상(諸法實相) 곧 존재의 있는 그대로의 진실한 모습을 통찰하기 위해서는 자신의 마음을 바로 보아야 함을 강조한다.

마음을 고정하고, 그 한순간의 마음에서 모든 존재와 현상의 모습을 보는 지관법(止觀法)에서, 지(止)는 마음을 일정한 곳에 멈추어 평정함을 유지하는 것이고, 관(觀)은 지혜로써 존재의 실상을 통찰하는 것이다. 이러한 수행법은 마음이 모든 것을 만들어내고, 마음이 모든 것을 담고 있다는 사실에 기초한다. 분별하는 주관으로서의 마음도 자성이 없는 공(空)이고, 대상으로서의 경계도 모두 자성이 없는 공(空)이기 때문에, 마음에 의존해서 모든 존재와 현상을 관찰한다는 연기법의 기반 위에서 성립하는 수행방법이다. 곧 관심법은 대승불교의 진리관인 공(空)이 곧 연기(緣起)이고 중도(中道)라는 사실에 기초하여 입론된 수행법으로서 지관(止觀)에 의해서 모든 존재와 현상의 진실한 모습을 통찰하는 것이다.

『마하지관』에서 모든 존재의 진실한 모습을 한 순간의 마음으로 통찰하는 방법을 제시하는데, 이러한 수행법을 원돈지관(圓頓止觀)이라고 한다.

> 원돈(圓頓)이란 처음부터 실상(實相)을 조건으로 하여 경계를 짓는 곧 중도(中道)로서 진실 아님이 없는 것이다. 법계(法界)를 조건으로 한 생각에 법계의 한 가지 색, 한 가지 향이 중도에 계합하지 않음이 없다. 자기 세계 및 부처 세계, 중생 세계도 그러하다. 오음(五陰), 십이입처(十二入處) 모두 그러하니 버려야 할 괴로움은 없다. 무명과 번뇌는 곧 깨달음이니 끊을 집착도 없다. 변견(邊見)이나 사견(邪見)도 모두 중정(中正)이니 닦을 도(道)는 없다. 생사(生死)가 곧 열반(涅槃)이니 증득할 적멸도 없다. 괴로움도 없고, 집착도 없기 때문에, 세간도 없다. 도(道)도 없고, 적멸(寂滅)도 없기 때문에, 출세간(出世間)도 없다. 순일(純一)한 진실한 모습만 있고, 진실한 모습 외에 따로 다른 법(法)이 없다. 법(法)의 본성이 적연(寂然)한 것을 지(止)라고 하고, 적연하지만 항상 비추고 있음을 관(觀)이라고 한다. 비록 처음과 마지막을 말하더라도, 둘로 나뉘어져 따로 있는 것이 아니다. 이를 원돈지관(圓頓止觀)이라고 한다.

완전한 깨달음을 단번에 성취한다는 원돈지관법은 처음부터 존재의 진실한 모습이 곧 중도(中道)임을 바로 제시한다. 이러한 천태학의 수행법은 마음과 일체법이 모두 자성이 없는 공(空)이기에 연기(緣起)한다는 사실을 기초로 하고, 또한 번뇌가 곧 깨달음이라는 등의 대승불교의 상즉적 진리관을 기반으로 하고 있다. 마음은 실체적 본성으로 존재하는 것이 아니라 연기하여 드러나는 현상이기에, 마음은 번뇌로도 깨달음으로도 드러날 수 있는 것이다. 이러한 마음을 한순간 바로 보는 방법을 원돈지관에서는 제시한다. 원돈지관의 수행법에 의하면, 깨달음은 점차적인 수행과정이 필요 없고 단번에 바로 가능한 것이 되고, 실천자 그 자신은 진리 그 자체의 작용인 것으로까지 나아가고 있다. 천태종은 모든 중생이 가지고 있는 보편적인 마음을 일상에서 바로 잘 다스리면, 누구나 원만한 깨달음을 바로 얻을 수 있는 실천방법을 전개하고 있다.

토론주제

1. 천태종의 교의에서 세계는 어떻게 존재하는가?

2. 부처에게 악은 어떤 의미가 있는가?

3. 범부의 현실을 떠나서 깨달음만을 말한다면 어떤 문제가 발생하는가?

참고문헌

다무라 요시로, 『천태법화의 사상』, 이영자 옮김, 민족사, 1989.

김정희, 「천태지의 한순간의 마음과 원돈지관」, 『마음과 철학』, 서울대학교출판문화원, 2013.

최기표, 『천태지관』, 도피안사, 2013.

팡리티엔, 「중국불교철학 1」, 황성규 외 역, 한국학술정보, 2010.

유심이란 어떤 의미가 있는가

– 화엄종의 유심사상 –

『화엄경(華嚴經)』은 웅대한 구상과 풍부한 비유로 깨달음의 세계와 그곳에 도달하는 실천 과정을 제시하는 대승불교 경전이다. 이 경전은 인도보다는 동아시아에서 적극적으로 연구되어서 화엄사상을 꽃피운다. 모든 것은 마음의 전개일 뿐이라는 삼계유심(三界唯心)을 최초로 명시하는 것이 바로 『화엄경』이다. 또한 화엄종(華嚴宗)의 대표 법문을 유심연기(唯心緣起)라고도 한다. 화엄종은 유심(唯心)을 마음의 본성은 본래 청정하다는 자성청정심(自性淸淨心)인 진여(眞如)로 파악하며, 연기하는 세계를 마음에 근거하여 통일적으로 해명한다.

동아시아불교사에서 마음이 무엇인지에 대한 관심은 여러 종파의 심식론(心識論)으로 전개되어 왔다. 인도에서도 심식 논의는 중요한 주제였지만, 중국에서는 그 의미가 변모되며 종파 간의 사상경쟁 형태로 전개된다. 화엄종의 실질적 창시자인 법장(法藏, 643-712)은 화엄오교판(華嚴五教判)이라는 해석학적 구상을 통하여 이 문제를 해명한다. 화엄종에서 보는 세계의 모습은 유심(唯心) 곧 진여일심(眞如一心)의 전개이다. 이 마음은 모든 존재와 현상이 아무런 걸림 없이 무한히 서로의 조건이 되어 드러난다는 사사무애(事事無礙)로까지 나아간다.

마음이 온 우주를 그려 낸다

불교에서 마음의 문제는 아주 중요하다. 『화엄경』은 그만큼 중요한 마음의 문제를 유심설(唯心說)로 명시한다. 「십지품(十地品)」에는 삼계유심(三界唯心)과 관련한 다음과 같은 내용이 등장한다. “삼계(三界)는 허망(虛妄)하고, 단지 마음이 만들어 낼뿐이다. 십이인연(十二因緣)은 모두 이 마음에 의한 것이다.” 삼계(三界)란, 욕망이 휘몰아치는 욕계(欲界), 욕망은 사라졌지만 감각은 남아있는 세계인 색계(色界), 감각마저도 소멸한 깊은 선정의 세계인 무색계(無色界) 등의 세 가지 세계를 말한다. 범부가 무명(無明)을 벗어나지 못하면 생사윤회하지 않을 수 없는 것이 삶의 구조이고, 이러한 생사윤회의 구조에 대한 상세한 분석이 바로 십이연기(十二緣起)이다. 그러한 십이연기 또한 사실은 한 마음의 전개라고 보는 것이 바로 삼계유심이다. 불교사상사에서 정밀한 철학적 체계를 구축한 유식사상(唯識思想)도 자신들의 연원을 이 「십지품」의 삼계유심 구절에서 찾는다.

『화엄경』의 유심사상(唯心思想)은 「야마천궁보살설게품(夜摩天宮菩薩說偈品)」에서 마음을 화가로 비유하는 게송으로서 자세히 설해진다. 우리와 우리를 둘러싼 세계는 마음이 만들어낸 것이라 설시하는 유심사상이 바로 여래림보살(如來林菩薩)의 ‘유심게’(唯心偈)로 등장한다.

마음은 정교한 화가와 같아서
갖가지 오온(五蘊)을 그린다.
모든 세계의 안에서
무엇이고 이렇게 만들어지지 않는 것은 없다.

마음과 같이 부처도 그러하고
부처와 같이 중생도 그러하다.
마음과 부처와 중생
이 셋은 차별이 없다.

모든 것은 마음 따라 일어나는 것을
모든 부처는 다 잘 아신다.
만일 이와 같이 알 수 있으면
그 사람은 참 부처를 보게 된다.

마음도 몸이 아니고
몸도 또한 마음이 아니지만
모든 불사(佛事)를 지으니
자재함은 일찍이 있어 본 적이 없다.

만일 누구나 삼세의
모든 부처를 알고자 하면
마음이 모든 여래(如來)를 만든다고
이와 같이 관찰하여야 한다.

화엄종에서는 이 게송을 유심연기(唯心緣起)의 극치를 표현하는 것으로 본다. 이 유심게(唯心偈)에서는 부처와 중생, 마음, 이 셋은 아무런 차별과 다함이 없다고 한다. 부처와 범부는 모두 공통적으로 마음을 갖고 있다. 범부의 마음과 부처의 마음에 차별이 없다면, 범부가 마음만 바꾼다면 바로 부처가 될 수 있다. 부처 또한 미혹하면 중생이 되는 것이다. 부처와 중생은 마음을 매개로 평등하다는 것을 해명하고 있다. 이 유심게는 부처와 범부, 중생, 세계 등의 모든 것의 근원은 마음이라는 사실을 밝히는 것이다. 유심연기는 그러한 마음의 끊임없는 작동에서 현상하는 세계를 보는 것이라고 할 수 있다.

예로부터 부처와 중생의 관계는 자주 물과 얼음의 관계로 비유되어 왔다. 물이 얼면 얼음이고, 얼음이 녹으면 물이 된다. 이와 같이 중생과 부처는 같지도 그렇다고 다르지도 않는 불일불이(不一不異)의 존재이다. 마음의 본성을 깨달으면 부처, 그렇지 못하고 미혹하면 중생이라는 이러한 사유는 대승불교의 기본이 되어 현재까지 통용되고 있다.

『화엄경』의 유심사상에 의하면 온 우주의 모든 것은 우리들 마음이 비추어낸 것이다. 이는 마음을 떠나서 세계는 존재하지 않는다는 의미이다. 마음은 경계를 만나면 적극적으로 이미지를 구성하고 그려나간다. 유심사상에서는 마음을 떠나 세계가 따로 실체적으로 존재하는 것으로 보지 않는다. 모든 것이 마음과 세계의 불가분한 관련 속에서 성립하는 것을 일체유심조(一切唯心造)라고 한다. 이러한 유심을 기본으로 하는 사상에서는 세계를 마음이 항상 쉼없이 밖으로 나아가 관계 맺으며 드러난 현상이라고 이해한다.

『화엄경』의 유심사상은 마음의 본질을 구명하는 새로운 사상에 많은 영향을 미쳤다. 경전 문구 자체에서는 마음 곧 '心'(심)을 '淨心'(정심)이나 '染心'(염심), 또는 '眞心'(진심)과 '妄心'(망심)으로 구분하고 있지는 않다. 해석에 따라 어느 경우도 가능하고 불교사상사에서도 그러한 전개가 있어 왔다. 하나는 이상적인 측면에서 번뇌가 사라진 본래 깨끗한 마음인 정심(淨心)、진심(眞心)이 부처라고 하는 여래장사상(如來藏思想) 계열이고, 다른 하나는 현실적인 측면에서 번뇌에 쌓인 오염된 허망한 마음인 염심(染心)、망심(妄心)을 대상으로 마음의 식별 기능을 분석적으로 접근하는 유식사상(唯識思想) 계열이다. 선사상(禪思想)도 그 중심과제는 이러한 마음의 본성을 바로 체득하는 것이다.

화엄종은 세계를 유심(唯心) 곧 본래 청정한 마음인 진심(眞心) 곧 진여일심(眞如一心)의 무한한 전개로 본다. 세계의 연기적 존재방식은 오직 이 마음의 전개일 뿐이라고 보는 것이다. 이러한 이해를 바탕으로 전개된 유심연기설은 모든 존재와 현상의 발생과 소멸의 해명을 오직 이 마음의 전개로 파악한다. 곧 화엄종의 유심연기설은 마음의 본성은 본래 깨끗하다는 정심(淨心) 계열의 여래장사상을 바탕으로, 생멸하는 현상적 차별에 주목하는 망심(妄心) 계열의 유식사상을 포괄 변주하는 형태로 전개된 것이다. 일체의 존재와 현상은 오직 마음의 무한한 변화작용에 지나지 않는 것으로서, 그 본성은 청정하다고 마음을 파악하는 것을 화엄종의 유심연기라고 할 수 있다.

마음은 무한한 공덕을 갖추고 있다

불교사상사에서 마음이 무엇인지에 대한 관심은 다양한 학파의 심식론(心識論)으로 전개되어 왔다. 동아시아불교의 각 종파(宗派)에서는 불교의 여러 가르침들을 자신들의 관점과 이해에 따라 분류하는 방법론을 취한다. 자신들의 종파가 정통임을 내세우기 위해서 자신들이 의지하는 경전과 논서의 교설을 중심으로 여러 교법

(教法)의 깊고 얕음을 나누며 불교를 해석하는 작업을 교상판석(教相判釋)이라고 한다. 법장은 『화엄일승교의분제장(華嚴一乘教義分齊章)』에서 불교의 여러 교의를 소승교(小乘教), 대승시교(大乘始教), 대승종교(大乘終教), 돈교(頓教), 원교(圓教) 등의 5단계로 나누어 세계와 인간에 대한 해명을 마음의 관점으로 시도한다. 법장은 각 교파의 마음의 본성과 식별작용 등과 관련한 다양한 가르침들이 어떤 마음을 설하고 있는가를 자신의 해석학적 구상인 화엄오교판(華嚴五教判)에 따라서 해명한다.

법장은 『화엄일승교의분제장』에서 원교(圓教)의 진여일심(眞如一心)이해를 토대로 5교의 심식 논의를 차등적으로 구분한다. 소승교(小乘教)의 심식은 '육식'(六識)을 주로 하고 심층식인 아뢰야식(阿賴耶識)의 이름 정도만을 아는 가르침이다. 대승시교(大乘始教)의 심식설인 '아뢰야식설'(阿賴耶識說)은 마음이 현상 차원에서 발생 소멸하는 점만을 주로 설하는 불완전한 가르침이다. 대승종교(大乘終教)의 참됨과 허망함이 함께 있다는 진망화합식(眞妄和合識)인 '여래장심'(如來藏心)은 원리적 측면과 현상적 측면이 융통한 이사무애(理事無碍)단계를 아는 가르침이다. 돈교(頓教)의 오직 하나의 참된 마음인 '유일진여심'(唯一眞如心)은 언설이 끊긴 차전(遮詮)의 입장에 머무는 가르침이다. 이러한 가르침들은 아직 다함없는 무한한 공덕을 적극적으로 설하는 원교(圓教)의 심식인 '성해구덕심'(性海具德心) 논의에는 미치지 못하는 가르침으로 평가된다.

『화엄일승교의분제장』 원교의 심식차별(心識差別) 논의에서는 대승종교 여래장설의 심식을 바탕으로 『화엄경』의 가르침에 의해 더욱 심화된 심식 이해를 성해구덕심으로 파악한다.

원교(圓敎)에 의거하면, 본성의 바다는 원만하게 밝고, 법계연기(法界緣起)는 걸림 없이 자유롭고, 하나가 그대로 모든 것이고, 모든 것이 그대로 하나로, 주(主)가 되는 것과 짝이 되는 것이 원만하게 융화하는 것과 관련된 것이다. 그러기에 십심(十心)을 설함으로써 다함이 없음을 나타내는 것이다. 「이세간품」과 「십지품」 제9지 선혜지(善彗地)에서 설하는 것과 같다. 또한 유일법계성기심(唯一法界性起心)도 열 가지 공덕을 갖추고 있다. 「성기품(性起品)」에서 설하는 것과 같다. 이런 것들은 별교(別敎)에 근거해서 말한 것이다.

원교(圓敎)에서 보는 마음은 본성이 원만하게 밝고 무한한 공덕을 갖춘 바다와 같은 것이다. 이러한 성해원명(性海圓明)에 바탕한 법계연기는 어떠한 장애도 없이 자유자재하고 원만하게 융화하는 성해구덕심(性海具德心)의 세계다. 원교는 십심(十心)을 설함으로써 마음의 무한성을 나타내기 때문에 여타 다른 교설들과는 차별된다. 또한 화엄원교가 이해한 마음은 유일한 법계의 본성에서 일어나는 마음으로서 무한한 공덕(功德)을 갖춘 것이어서 대승종교의 심식과는 차별된다. 대승종교의 심식논의가 마음의 본성인 진여(眞如)가 가만히 있지 않고 인연에 따른다고 하더라도, 본래성 그 자체가 현재화되어 드러난 경지는 아니고, 또한 '여래십덕'(如來十德)의 다함없는 무한한 공덕을 갖춘 것이 아니기에 화엄원교의 심식논의와는 차이가 있는 것이다.

마음에 의하여 세상이 벌어진다는 유심(唯心) 계통의 연기설에는 유식학(唯識學)의 아뢰야식연기(阿賴耶識緣起), 『대승기신론(大乘起信論)』의 진여연기(眞如緣起), 화엄종의 법계연기(法界緣起) 등이 있다. 원교(圓敎)의 법계연기설에서 볼 때, 대승시교의 아뢰야식 연기설은 개인의 주관적 마음의 현상적 전개 구조에 대한 자세한 분석을 전개하지만 마음의 본성에 대한 논의차원까지는 나아가지 못한 것이다. 대승종교의 진여연기설은 마음의 본성에 대한 논의까지 나아가고 원리와 현상의 융통한 이사무애(理事無礙) 단계까지 아는 가르침이지만 아직 사사무애(事事無礙)의 단계에는 이르지 못하는 가르침인 것이다. 그러기에 우주 전체와의 무한한 연결성을 해명하는 중중무진(重重無盡)으로까지 나아간 원교의 법계연기설만 못한 것이 된다.

모든 존재는 무한히 연결되어 있다

화엄학의 연기설인 법계연기(法界緣起)는 모든 존재와 현상이 진실 그 자체로서 연기하여 드러나는 사태를 말한다. 법계연기는 진여연기설(眞如緣起說)을 기초로 화엄종의 세계관을 전개시키며, 모든 존재와 현상 사이의 무한한 조화와 자유로움을 해명하는 이론이다. 법계연기에서 보는 세계의 모습은 모든 존재와 현상이 서로 연결된 무한한 관계맺음이다. 이러한 화엄사상의 정수(精髓)를 간명하게 시적으로 보여주는 작품이 신라의 승려인 의상(義湘, 625-702)의 법성게(法性偈)이다.

> 법의 본성은 원융하여 두 모습이 없고
> 모든 법은 본래 고요하여 움직이지 않는다.
> 이름도 모습도 없고 모든 것과 끊겼으니
> 깨달음으로만 알 뿐이지 다른 경계가 아니다.
> 참된 본성은 매우 깊고 지극히 오묘하여
> 자기의 성품을 지키지 않고 인연 따라 성립한다.
> 하나 속에 모든 것이 있고 여럿 속에 하나가 있어

> 하나가 그대로 모든 것이고 여럿이 그대로 하나이다.
> 한 티끌 속에 모든 방면을 머금고
> 모든 티끌 속도 그러하다.
> 헤아릴 수 없는 긴 시간이 그대로 한 생각이며
> 한 생각이 그대로 헤아릴 수 없는 긴 시간이다.

이 계송은 법성(法性) 곧 모든 존재의 본성을 서로가 서로를 비추는 무한한 관계맺음으로 이루진다는 사실로서 보여주고 있다. 우리들 각자의 마음이 하나의 거울이라고 보면, 우리는 서로가 서로를 끝없이 비추는 무한한 연쇄적 존재임을 일상에서 쉽게 경험할 수 있다. 이러한 구조로 온 우주의 존재와 현상은 무한대로 의지하며 연결되어 있다는 존재의 실상을 화엄사상은 인다라망(因陀羅網)의 비유로 제시한다. 삼라만상 곧 온 우주의 모든 존재가 이러한 관계에 놓여 있고, 그러한 구조 속의 개체와 개체는 서로가 서로를 비추며 걸림 없는 조화를 이룬다고 한다. 화엄사상은 온 우주를 하나의 총체적 전체로서 이해한다.

화엄학에서는 티끌 하나에도 온 우주가 들어있다는 『화엄경』의 세계관을 무한한 조건의 중층성(重層性), 곧 중중무진(衆衆無盡)의 연기관으로 제시한다. 법장은 스승 지엄의 십현문(十玄門)을 계승하여 화엄종의 중중무진 법계연기설을 확립한다. 십현문은 일체의 사(事)와 사(事)가 원융무애(圓融無礙)하게 연기하는 구도를 열 가지 현묘한 교설로 밝히는 법문이다. 이 교설에서는 일체의 존재와 현상이 아무런 걸림 없이 원만하게 조화를 이루며 나타나는 관계를 무한한 중층 구도로 제시한다.

십현문의 총문(總門)에 해당하는 동시구족상응문(同時具足相應門)은 모든 존재와 현상이 동시에 구비되어 서로 어긋남 없이 공존하는 체계를 제시한다. 법장은 『화엄일승교의분제장』에서 이를 풀이한다.

> 동시구족상응문은 위의 열 가지 뜻이 동시에 서로 결합관계를 이루어서 하나의 연기를 이룬다. 어느 것이 앞이고 어느 것이 뒤이며, 시작이니 끝이니 하는 것과 같은 구별이 없는 것이다. 모든 것을 다 갖추고 있으며, 자유자재로 거스름과 따름을 뒤섞으면서도 엉키지 않고, 연기의 궁극까지 남김 없는 전체를 이루는 것이다. 이것은 해인삼매(海印三昧)에 의하여 환하게 동시에 나타나서 이루어지는 것이다.

우주의 만물은 앞과 뒤, 처음과 끝 등의 구별이 없이 동시에 빠짐없이 구비되어 서로 어긋남 없이 응하며 동반하는 관계임이 해명되고 있다. 이러한 연기의 모습은 부처가 드는 선정(禪定)인 해인삼매를 근거로 동시에 나타나 성립하는 것이다. 동시구족상응문은 일체법이 무한히 교류하면서도 혼잡하지 않으며, 낱낱의 사법(事法)에 온 우주가 동시에 갖추어져 있고, 또한 원만하게 조화되며 모든 것들이 동시적으로 발생한다는 상호 연관의 사실을 보여주며 십현문의 기본 원리를 제시한다. 나머지 9가지 별문(別門)에서는 하나와 전체 사이의 조화로운 상관관계, 모든 존재와 현상 사이의 원융무애와 상호포용 관계 등을 화엄학의 상즉(相卽)·상입(相入) 논리로 해명한다. 이러한 십현연기설은 『화엄경』의 유심설에 근거하며, 온 우주의 모든 것은 무한한 관계맺음의 연기적 존재임을 역설한다.

토론주제

1. 유심사상에서 마음은 현상 세계에 앞서 존재하는가?

2. 끝없는 관계성으로 세계가 이루어졌다면, 개인의 삶은 어떠해야 하는가?

3. 마음의 본성에 관하여 천태종과 화엄종은 어떤 이해의 차이가 있는가?

참고문헌

권탄준, 『화엄경의 세계』, 씨아이알, 2013.
기무라 키요타카, 『중국화엄사상사』, 정병삼 외 옮김, 민족사, 2005.
카마타 시게오, 『화엄의 사상』, 한형조 옮김, 고려원, 1987.

극락세계는 정말 존재하는가

– 아미타사상 –

불교에서는 수많은 부처님들의 불국토를 이야기한다. 그 세계들은 하나같이 아름다운 이상세계이다. 하지만 중요한 것은 그 세계가 실재하는가의 여부이다. 존재하지도 않는 세계를 이야기 한다는 것은 아무 의미도 없는 환타지일 뿐이다. 기독교의 천국처럼 서방 극락세계의 존재 여부는 불교에서 해결해야할 하나의 숙제이다. 물론 꼭 존재하는 실체를 통해서만이 우리가 무언가를 배울 수 있는 것은 아니다. 비실체나 형이상학적인 요소를 통해서도 우리는 많은 것을 배우고 깨달을 수 있기 때문이다. 그런 의미에서 아미타불이나 극락세계는 그 실재 여부를 떠나 우리의 삶에 많은 영향을 주는 그 무엇이라고 할 수 있다.

아미타사상은 어디에 기반하고 있는가?

중국에 아미타사상이 전래된 시기는 후한시대이다. 역사적 기록에 의하면 후한 환제(桓帝) 때, 즉 AD. 148년에 안세고(安世高)가

『무량수경』 2권을 번역하였다고 전해지는데, 이 경전이 중국에 아미타사상을 전하는 경전의 시초이다. 하지만 이 경전은 현재 존재하지는 않아 그 내용이 정확히 무엇이었는지는 알 수 없다.

이후 지루가참(支婁迦讖)은 AD. 179년에 축불삭(竺佛朔)과 함께 『반주삼매경』을 번역하였는데, 학계에서는 이를 정토관계 경전의 효시로 보고 있다. 그러나 이 경전은 아미타사상의 기본 내용인 극락정토의 장엄에 관한 설명은 없이, 오로지 삼매에 전념함으로써 아미타불을 직접 만나볼 수 있다는 삼매견불 사상만을 밝히고 있을 뿐이다.

오늘날 널리 알려지고 있는 아미타사상은 다음의 세 경전에 기반하고 있다. 먼저 우리가 현재 『무량수경』이라고 부르는 경전으로서, 이는 AD. 252년에 강승개(康僧鎧)가 번역한 것이다. 이 『무량수경』은 내용상 크게 세 부분으로 이루어져 있다.

첫째는 극락세계의 성립과 아미타불이 출현하게 된 인연에 관한 것이다. 둘째는 극락세계의 아름다운 모습과 그곳에 살고 있는 보살들의 뛰어난 공덕에 대한 묘사이다. 셋째는 극락세계에 갈 수 있는 구체적인 방법에 대한 설명들이다.

다음으로 번역된 경전은 『아미타경』인데, 이 경전은 AD. 401년에 장안에 도착한 구마라집(鳩摩羅什)에 의해 번역되었다. 이 경전은 아미타불의 본원력(本願力)으로 이루어진 극락세계의 아름다운 모습을 설명하고 있다.

그곳에는 수명과 광명이 무량한 아미타불이 상주하며 항상 그곳의 중생들을 위해 설법하고 있다고 한다. 이 경전은 극락세계의 왕생이 아미타불의 이름만을 외우는 칭명염불(稱名念佛)로도 가능하다고 함으로써 대중들에게 접근하기 쉬운 정토신앙을 제시하고 있다.

마지막은 『관무량수경』인데, AD 424년에 강량야사(畺良耶舍)가 번역한 것이다. 이 경전이 설해진 배경은 다음과 같다. 한 때 인도 마가다국의 태자 아사세가 부왕인 빈비사라를 감옥에 가두고 왕위를 찬탈하려 하므로 어머니인 위제희 왕후가 몰래 왕에게 음식을 가져다주어 목숨을 연명하게 하였다.

그 후 왕후는 석가모니 부처님이 있는 곳을 향해 지성으로 예배하고 근심과 번뇌가 없는 청정한 세계를 보여주기를 빌었다. 이에 부처님은 극락세계를 보여주고 16관법을 일러주어 왕비와 시녀를 깨닫게 하고 빈비사라왕을 구제하였다. 왕비는 이 16관법 등의 법문을 듣고 생사를 초월한 무생인(無生忍)의 경지에 이르렀으며, 500인의 시녀들은 극락에 왕생하고자 하는 마음을 일으켰다고 한다.

이상의 『무량수경』, 『아미타경』, 『관무량수경』을 흔히 '정토3부경'이라고 하는데. 이 경전들이 번역됨으로써 중국에서의 아미타사상은 널리 퍼져나가게 되었다.

아미타사상은 어떻게 전개 되었는가?

이러한 경전들의 번역으로 말미암아 중국에서의 아미타사상은 때론 학문적으로 때론 신앙적으로 널리 대중들의 삶속으로 다가가기 시작하였다. 학문적인 계통에서 볼 때 중국에서의 아미타사상은 다음과 같이 크게 세 가지 흐름으로 이해한다.

첫째는 여산 혜원(慧遠, 334~416) 계통이다. 혜원은 『반주삼매경』에 의거하여 아미타불을 직접 보는 것을 목적으로 한 염불삼매를 수행하였다. 대승불교의 교리에 의거하면 부처님은 언제든지 중생들의 마음에 감응하여 화신불의 형태로 나타날 수 있다고 설한다. 이러한 화신불의 감응력을 기반으로 혜원은 아미타불의 친견을 염원했던 것이다.

둘째는 담란(曇鸞, 476~542)을 시초로 하여 도작(道綽), 선도(善導), 회감(懷感) 등으로 이어지는 계통이다. 이들은 소위 『정토3부경』을 중심으로 아미타사상을 선양하였다. 즉 그들은 모두 아미타사상에 대한 주석서나 논서들을 지어 보급함으로써 학문적으로 아미타사상을 선양하는데 많은 공헌을 하였다.

셋째는 자민삼장으로 불리는 혜일(慧日, 680~784) 계통이다. 혜일은 선과 정토, 계율을 병행해서 수행하는데 힘썼다. 불교의 기본적인 수행은 명상수행 즉 참선이 그 기본 바탕이다. 그리고 교단의 질서유지와 개인적인 행동 지침으로서의 계율 또한 불교의 정체성 확립에 기초가 되는 요소라고 할 수 있다.

즉 혜일은 학문적, 신앙적 관점에서의 아미타사상에 불교가 성립할 수 있는 기본적인 요소들을 병합시키고자 노력했던 것이다. 이러한 혜일의 노력은 중국 후대에 여러 종파들의 사상이 서로 융합되는데 많은 영향을 미쳤다.

그러나 신앙적인 관점에서 볼 때 극락세계의 왕생신앙을 가장 먼저 받아들인 사람들은 불교 학승들이 아닌 일반 재가신자들이었다. 기록상 극락세계와 관련된 최초의 인물로 거론되는 사람은 궐공칙(闕公則)과 그의 제자 위사도(衛士度)이다.

궐공칙은 서진(西晉)시대 사람으로서 성격이 소탈하고 조용하여 오직 법사(法事)에만 정진하였다. 그가 죽은 후 어느 날 밤 백마사에서 승려와 속세 사람들이 함께 법회를 열고 경을 읽고 있을 때 공중에서 어떤 사람이 찬탄하는 소리가 들려왔다.

그는 곧 말하기를, "저는 궐공칙입니다. 저는 극락세계에 왕생하기를 기원하여 지금은 극락세계에 태어났는데, 여러 다른 보살들과 함께 이 경을 들으러 왔습니다."라고 말하였다고 한다. 즉 궐공칙은 『무량수경』이 번역될 때와 시대를 같이하는 인물로서 아마도 『무량수경』의 영향을 많이 받았을 것으로 생각된다.

위사도는 평상시 고행을 열심히 수련한 재가신자였다. 그의 어머니는 불교에 대한 신심이 돈독하여 승려들에게 항상 정성을 다하여 공양하였다고 한다. 위사도는 322년에 죽었는데, 그 후 서방 극락세계에 왕생하였다고 한다.

이와 같이 죽은 후 극락세계에 왕생하였다는 기록과 달리 아미타불을 직접 만났다는 기록도 있다. 그는 위사도와 같은 시대 사람으로서 불교 승려인 승현(僧顯)이다. 『고승전』에는 승현에 대한 다음과 같은 기록이 소개되어 있다.

> 승현은 명산을 순례하면서 영원할 수 있는 업을 닦았다. 그러나 뒤에 심한 병에 걸려 서방극락에 대한 생각을 계속하였는데 그 마음이 지극히 간절하였다. 그러자 무량수불이 강림하였고 그 몸에서 광명이 비치는 것을 보고나자 아픈 곳이 모두 다 나았다.

물론 현실적인 입장에서 볼 때 극락세계에 왕생하였다거나 아미타불을 직접 보았다는 것은 기록에 의한 것일 뿐 이를 증명할 길은 없다. 그렇기 때문에 실증적인 측면에서 위와 같은 기록들은 단지 후대의 관심을 끌기 위해 꾸며낸 단순한 일화로 치부할 수도 있을 것이다. 그렇지만 이러한 일화들은 실증여부를 떠나 불교전래 초기부터 아미타사상에 관계된 경전들이 번역됨으로써 다양한 극락정토 신앙이 발생하게 되었다는 것을 알 수 있다.

이후 동진시대에 이르면 많은 불교 지식인들 사이에서 극락정토

신앙이 활발하게 이루어진다. 지둔(支遁, 314~366)은 아미타불상을 조성하였고 『아미타불상찬병서』란 저서를 지었다. 그리고 축법광(竺法曠, 327~402)은 항상 『법화경』과 『무량수경』을 대중들에게 강연하였으며 혼자 있을 때는 항상 이 경전들을 독송하였다고 한다.

이 외에도 그는 사찰의 대전을 건립하고 무량수불상을 조성하였다고 한다. 이는 이 사찰에서 모시는 주불(主佛)이 석가모니불이 아닌 아미타불임을 암시하는 것으로, 이는 그의 아미타 정토사상에 대한 입장을 잘 나타내는 것이라고 할 수 있다.

그러나 신앙 단체를 결성하여 아미타사상의 유포에 가장 기여한 사람은 바로 여산 혜원이다. 그는 402년에 유유민 등 123명과 함께 반야대정사의 아미타불상 앞에서 재(齋)를 올리며 서원을 세우고 함께 서방의 극락세계에 태어나기를 기약하며 염불하였다고 한다.

이 단체가 유명한 백련결사로서 염불 수행을 통해 극락세계에 태어나기를 기원한 염불결사의 시초이다. 이렇게 점점 중국 대중들 속으로 퍼져 나가던 아미타사상은 혜원 사후 8년 뒤에 『관무량수경』까지 번역됨으로써 그 사상의 기반을 완벽히 갖추는 계기를 마련하게 되었다.

극락세계는 어떠한 곳인가?

극락세계는 아미타불이 관세음보살과 대세지보살 두 보살을 데리고 중생들을 교화하고 제도하는 불국토의 세계이다. 그리고 불교에서 말하는 불국토란 깨달음을 얻은 부처님이 직접 관장하고 다스리는 이상적인 세계를 말한다. 그런데 아미타사상의 교리에 의거하는 한 이 세계는 원래부터 존재하고 있던 세계는 아니다.

즉 우주의 진화과정이라는 존재론적이고 실재론적인 측면에서 볼 때 극락세계는 원래부터 실재하고 있던 세계는 아니라는 것이다. 이 극락세계는 바로 아미타불의 전신(前身)인 법장보살의 서원력에 의해 만들어진 세계이다.

『무량수경』에는 극락세계가 생겨나게 된 배경에 대해 자세히 설명되어 있다. 즉 『무량수경』에 의하면 헤아릴 수 없는 과거에 세자재왕불(世自在王佛)이 다스리던 국토가 있었다고 한다. 그 때 그 나라를 다스리던 국왕은 세자재왕불이 설하는 법을 듣고 깊이 감동하여 왕위를 버리고 출가하여 스스로를 법장(法藏)이라고 하였다.

이 법장비구는 48가지의 서원을 세우고 이 48가지 중 하나라도 이루어지지 않으면 부처가 되지 않겠다고 다짐하였다. 그리고 결국에는 법장비구의 서원이 다 이루어짐으로써 그 서원력에 의해 비로소 극락세계가 이루어지게 된 것이다. 이 경에 의하면 법장비구가 성불한 지는 이미 10겁이 지났다고 말하고 있으므로 극락세계도 10겁이라는 오랜 세월 전에 이룩된 것으로 보아야 할 것이다.

담란(曇鸞, 476~542)은 안락정토 즉 극락세계가 대자비로부터 생겼기 때문에 이 대자비가 바로 정토의 근본이라고 하였다. 이는 법장비구의 서원이 중생들을 위한 대자비라는 바탕위에서 이루어진 것으로 본 것이다.

이 극락세계는 일반적으로 우리가 살고 있는 이 세계와 구별하여 흔히 불국토라고 부른다. 불교에서는 보통 욕계, 색계, 무색계로 이루어진 3계 6도의 세계를 통틀어 일불국토(一佛國土)라고 하며, 이는 한 부처님이 관장하는 세계의 규모를 가리킨다.

이러한 관점에서 보면 우리들이 살고 있는 이 세계는 석가모니 부처님의 불국토라고 할 수도 있지만, 보통 불국토보다는 욕계의 사바세계라고 부르는 것이 보다 일반적이다.

그렇다면 이 극락세계는 우리들이 살고 있는 이 사바세계와 어떻게 구별되는 것일까? 인도의 불교학자인 용수(龍樹)와 세친(世親)은 각각 『대지도론』과 『왕생론』에서 극락세계는 이 3계라는 한계를 벗어난 곳에 위치하는 청정한 국토라고 하였다. 즉 그들에 의하면 극락세계는 우리가 살고 있는 현 인간세계와 그 위의 천상세계와는 아무 관련이 없는 곳에 위치한 세계라는 것이다.

그리고 이러한 사상은 담란이나 도작(道綽, 562~645) 등 아미타사상을 받아들인 사람들의 주된 입장이 되었다. 담란은 저 안락한 국토가 3계를 넘어서 존재하는 세계이며, 만약 저 국토에 태어난다면 저절로 몸과 입, 의지로 짓는 악이 사라지게 된다고 하였다.

그렇다면 극락세계는 어디에 어디쯤에 존재하고 있는 세계일까? 『아미타경』에 의하면 극락세계는 서쪽으로 10만억 불국토를 지난 곳에 존재하고 있다고 말한다.

> 그 때 부처님께서 장로 사리불에게 말씀하셨다. 이곳으로부터 서쪽으로 10만억 불국토를 지나면 극락이라고 하는 세계가 있다. 그 국토에는 아미타부처님께서 지금도 설법하고 계시느니라. 사리불아, 그 국토를 어찌하여 극락이라고 부르는지 아느냐? 그 국토의 중생은 어떠한 괴로움도 없이 모든 즐거움만 받기 때문이니라.

그런데 이 『아미타경』의 내용대로 10만억 불국토라고 하면 이 지구를 기준으로 보통 먼 거리가 아니다. 즉 불교의 세계관에 의하면 우리는 일반적인 상식으로 일불국토의 세계도 이성적으로 가늠하기 힘들다. 앞서 말한 것처럼 우리는 현재 욕계의 인간세계에 살고 있다.

그런데 이 욕계에는 위로 하늘의 천상세계가 여섯 곳이나 존재한다. 그리고 색계에는 무려 열일곱 곳의 천상세계가 존재하고 있으며 그 위로도 또 의식으로만 이루어진 무색계라는 네 개의 천상세계가 더 존재한다. 우리는 흔히 하나의 천상세계만도 이해하고 받아들이기 힘든데 불교에서는 인간세계 외에 무려 스물일곱 곳의 천상세계를 산정하고 있는 것이다.

『아미타경』에서는 이러한 불국토를 10만억 개나 지난 곳에 극락세계가 자리하고 있다고 설하고 있다. 이는 우리의 일반적인 공간 인식능력으로는 도저히 이해하기 힘든 거리 개념이다. 이를 현대 과학의 관점에서 알기 쉽게 이해해 보자.

『구사론』에서 말하는 구체적인 불교의 세계관에 의하면 색계는 우리가 육체를 가지고 살아가는 제일 위에 위치한 하늘이다. 그리고 이 색계의 마지막 하늘세계인 색구경천은 수미산을 둘러싸고 있는 바다로부터 1677억 7216만 유순에 해당하는 거리에 위치하고 있다고 한다.

1유순이란 옛날에 왕이 하루에 행군할 수 있는 거리를 가리키는 말로서 보통 12km에 해당하는 거리를 말한다. 그렇다면 색구경천은 크게 보면 지구로부터 2조km의 거리에 위치하고 있는 셈이다.

인류의 우주 개척사로 보면 1977년 발사된 보이저 1호는 해왕성, 명왕성을 지나 태양계를 벗어난 최초의 무인우주선이다. 그리고 보이저 1호는 지금 현재 지구로부터 155억km 이상 떨어진 곳을 날아가고 있다고 한다, 즉 40년을 날아간 이 우주선이 현재는 색계까지 거리의 130분의 1에도 못 미치고 있는 것이다. 이러한 거리 관념상 우리는 현재의 과학기술에 의존하는 한 살아서는 영원히 서방 극락세계에 갈 수 없을 것이다.

이러한 과학적인 측면에서 볼 때 『아미타경』이 만들어지던 약

2000년 전의 사람들에게 우주여행은 꿈도 꾸지 못할 상상속의 일이었을 것이다. 그래서 인지는 몰라도 극락세계는 살아서 갈 수 있는 곳이 아니라는 것을 인정할 수밖에 없었을 것으로 보인다.

왜냐하면 그 먼 거리를 살아서 갈 수 있다고 말하는 것은 허황된 거짓말에 지나지 않기 때문이다. 따라서 극락세계는 살아서 가는 곳이 아닌 죽은 다음 가는 세계로 설정될 수밖에 없었을 것이며, 이는 불교의 사후 윤회관과 자연스럽게 연결되어졌던 것으로 보인다.

그렇지만 비록 극락세계가 죽은 다음에 가는 사후의 세계이기는 하지만 그 세계는 이루 말할 수 없이 아름다운 세계이다. 무신론적이고 영혼은 존재하지 않는다는 입장에서 사후세계를 믿지 않거나 또는 불교의 윤회관을 믿지 않는 사람들이라 해도, 이 세계의 아름다운 묘사를 보면 한 번쯤은 가보고 싶은 욕망이 저절로 생겨날 것으로 보인다.

『아미타경』에서는 극락세계의 아름다운 모습을 다음과 같이 그리고 있다.

사리불아, 극락국토에는 7보로 된 연못이 있으니, 8공덕수가 그 안에 가득 차 있느니라. 연못 바닥에는 금모래가 깔려 있고, 사방의 계단은 금·은·유리·파리로 이루어져 있느니라. 또 그 위에는 누각이 있는데, 역시 금·은·유리·파리·차거·붉은 구슬·마노로 장엄하게 꾸며져 있느니라. 연못 속에는 연꽃이 피어 있는데, 그 크기가 수레바퀴만하며, 푸른색에서는 푸른빛이 나고 황색에서는 황색 빛이 나고 붉은 색에는 붉은 빛이 나고 흰색에서는 흰 빛이 나며 맑고도 미묘한 향기가 나느니라. 또 사리불아, 저 불국토에는 항상 하늘의 음악소리가 나고 땅은 황금으로 되어 있으며, 밤과 낮 여섯 번 하늘에서 만다라화 꽃비가 내리느니라.

이와 같이 극락세계는 우리가 살고 있는 이 지구와는 비교할 수 없을 정도로 아름다운 세계이다. 온갖 아름답고 진귀한 보석들과 연꽃의 미묘한 향기, 천상의 음악소리와 하늘에서의 꽃비는 우리가 상상할 수 있는 가장 아름다운 세계 그 자체라고 해도 과언이 아닐 것이다. 이러한 극락세계는 바로 현실적인 믿음의 유무, 종교적 관점의 차이를 극복한다면 우리에게 정신적인 삶의 위안을 주는 유토피아적 세계임에 틀림없다.

죄를 지어도 모두 다 극락왕생할 수 있는가?

극락세계는 앞서 말한 바와 같이 지극한 즐거움이 가득한 세계이기도 하지만 거기엔 다시 지옥이나 아귀, 축생계도 존재하지 않는 세계이다. 왜냐하면 그것은 법장비구가 세운 제일 첫 번째의 서원력 때문이다. 그 서원은 바로 만약 그 국토에 지옥, 아귀, 축생의 세계가 있다면 차라리 부처가 되지 않겠다는 서원이다.

그리고 두 번째 서원도 이와 입장을 같이 한다. 즉 법장비구는 그 국토에 사는 중생들이 목숨을 마친 뒤에 다시 지옥, 아귀, 축생이라는 3악도에 떨어진다면 부처가 되지 않겠다고 하였던 것이다.

물론 첫 번째 서원에 의하면 극락세계에는 3악도가 존재하지 않기 때문에 그 세계의 3악도에는 떨어질 일은 없을 것이다. 하지만 3악도가 존재하는 이 세계에서 우리가 극락세계로 갈 수 있는 것처럼 극락세계에서 다시 다른 세계의 3악도에 떨어질 가능성은 존재하는 것이다. 그래서 법장은 두 서원에 의해서 극락세계에 왕생한 사람은 영원히 3악도에 떨어질 운명에서 벗어날 것이라고 보장한 것이다.

그렇다면 이 극락세계는 그 곳에 가기를 원하는 사람은 모두 다

갈 수 있는 세계인가?

『관무량수경』에 의하면 극락세계에 갈 수 있는 사람들의 종류를 아홉 가지로 분류하였다. 즉 이 경전은 먼저 사람들을 상품, 중품, 하품으로 나누고 다시 각각을 상, 중, 하로 나누어 상상품부터 하하품까지 아홉 단계를 설정한 것이다. 그럼 이 중에서 가장 낮은 단계인 하하품의 사람들에 대한 내용은 다음과 같다.

> 하품하생의 사람들은 불선업과 5역죄와 10악업 등 온갖 착하지 못한 행위를 한 사람들이다. 이들은 그들이 지은 악업의 과보로 인해 마땅히 악도에 떨어져 여러 겁의 세월동안 무궁한 고통을 받아야 하는 것이 당연하다. 그러나 이와 같은 어리석은 사람이 목숨이 끊어지려 할 때 지극한 마음으로 열 번 나무아미타불을 부르면 80억겁의 생사의 죄가 소멸되고 극락세계의 연꽃 속에 왕생하게 된다.

이와 같이 하품하생의 사람들은 불교에서 말하는 가장 큰 죄를 지은 사람들이다. 하지만 이러한 사람들도 열 번의 염불수행만으로 극락세계에 왕생할 수 있다고 한 것이다. 즉 『관무량수경』에 의하면 아미타불을 염불하기만 하면 모든 사람들은 다 극락왕생할 수 있다고 본 것이다.

그런데 이것은 『무량수경』에 나타난 법장비구의 서원과는 상반된다. 법장비구는 제18원에서 다음과 같이 서원하였다.

> 만일 제가 부처가 될 때 시방세계의 중생들이 지극한 마음으로 믿고 좋아하여 저의 국토에 태어나고자 하여 10념(念)을 하였음에도 불구하고 태어나지 못한다면, 저는 차라리 부처가 되지 않겠나이다. 다만 5역죄(逆罪)와 정법(正法)을 비방하는 자는 제외합니다.

정법비방이란 부처님이 설한 바른 법을 비방하는 것으로서 불교에서는 이를 가장 무거운 죄로 간주한다. 왜냐하면 부처님의 정법을 비방하는 것은 부처님의 권위 자체를 부정하는 것이기 때문이다. 5역죄란 그러나 아버지나 어머니를 살해하고, 아라한을 살해하고, 승가의 화합을 깨뜨리고, 부처님의 몸에 피가 나게 하는 죄이다. 이는 깨달은 자로서의 부처님의 권위나 불교 승가의 화합 그리고 가장 기본적인 부모 자식 간의 인륜을 강조한 것이다.

담란(曇鸞)은 경전의 인용을 근거로 5역죄와 정법비방 죄의 차이를 다음과 같이 설명하였다.

> 5역죄를 지은 자는 아비대지옥으로 떨어져 1겁 동안 중벌을 받게 된다. 그러나 정법을 비방한 자는 아비대지옥으로 떨어져 1겁의 기간이 다하면 다시 다른 아비대지옥으로 떨어진다. 이러한 식으로 이들은 수백, 수천의 아비대지옥을 떠돌게 된다.

이를 보면 분명 5역죄는 정법을 비방한 죄보다 훨씬 그 죄업이 가볍다. 그러나 법장비구는 5역죄 역시 인륜상, 승가의 법칙상 결코 허용하기 힘든 큰 죄악으로 간주하였던 것이다. 그래서 법장비구는 이 5역죄를 범한 사람도 정법을 비방한 자와 마찬가지로 결코 왕생할 수 없다고 규정한 것이다.

이에 대해 담란은 다음과 같은 입장을 보인다. 즉 『무량수경』에서는 5역죄와 정법비방이라는 두 가지의 큰 죄를 같이 지었기 때문에 왕생할 수 없다고 하였고, 『관무량수경』에서는 비록 5역죄를 범했을 지라도 정법만은 비방하지 않았으므로 왕생할 수 있다고 말한 것이라고 하였다. 즉 담란은 두 경전의 내용을 훼손시키지 않고 쌍방을 다 인정하는 입장을 보임으로써 서로간의 회통을 꾀하고 있는 것이다.

일반적으로 모든 경전들은 일단 불설로 간주되기 때문에 그 진위나 우열을 가릴 수는 없다. 그러나 『무량수경』에만 의하면 극락세계는 바로 법장비구의 서원력에 의해 이루어진 세계이다. 따라서 그의 48가지 서원 중 하나라도 이루어지지 않는다면 곧 극락세계도 존재할 수 없게 되는 것이다.

그런데 극락세계는 현재 존재하고 있고 법장비구도 이미 성불하였다. 즉 법장비구의 모든 서원은 이루어진 것이다. 그러므로 이 법장비구의 서원에 의하는 한 5역죄를 범한 자와 부처님의 정법을 비방하는 자는 아무리 염불을 많이 외운다 하더라도 극락세계에 갈 수 없다고 할 수 있을 것이다.

그리고 이는 현대적 관점으로 볼 때 최소한의 정의실현이라고도 할 수 있을 것이다. 왜냐하면 그 어떤 죄를 지어도 모두가 극락세계에 갈 수 있다고 한다면 과연 누가 올바른 삶을 살려고 할 것인가. 그렇게 된다면 사회는 죄와 악이 만연하는 혼란스럽고 어지러운 사회가 될 것이며, 그 사회 속에서도 사람들은 자신들의 행위에 대한 책임의식이나 죄의식을 가지지 않게 될 것이다.

따라서 5역죄나 정법을 비방하는 자는 극락세계에 갈 수 없다는 사상은 이 사회를 유지할 최소한의 도덕률의 필요성을 요구하고 있는 것이라 할 수 있겠다.

여인은 극락왕생 하는가 못하는가?

아미타사상에서 또 논란이 되고 있는 중요한 문제가 바로 여인이 극락세계에 왕생할 수 있는가 없는가에 대한 문제이다. 당시의 인도사회는 철저한 남존여비의 위계질서가 확립된 사회였다. 즉 모든 사회질서와 사상체계는 철저히 남성 중심으로 이루어졌으며 상대적으로 여성들의 지위와 권리는 엄격히 배제되고 있었다.

바라문교를 기반으로 해서 탄생한 『마누법전』에도 "여성의 자유는 그 어디에도 없다."라고 명기되어 있는 것만 보아도 당시 인도 사회가 얼마나 여성억압의 사회였는가를 알 수 있다.

따라서 이러한 사회질서가 지배하고 있던 분위기속에서 여인들의 극락왕생 여부가 중요한 사상적 관점으로 대두 되었다. 오나라 때의 지겸(支謙)이 번역한 『대아미타경』에는 법장비구의 24가지 원이 설해져 있는데, 제2원에서는 극락세계에 여인이 존재하지 않도록 하는 것을 서원으로 내세우고 있다.

> 내가 부처를 이룰 때 나의 국토에는 부인이나 여인이 없고, 나의 국토에 태어나기를 원하는 자는 모두 남자가 되기를 원합니다. 이 원이 성취되지 않는다면 저는 결코 부처가 되지 않겠습니다.

즉 『대아미타경』의 내용에 의하면 극락세계에는 결코 여인이 존재할 수 없음을 알 수 있다. 이러한 법장보살의 서원으로 인해 여자는 극락세계에 왕생할 수 없다는 주장들이 제기 되었던 것이다.

인도의 학승인 무착과 세친은 『왕생론』과 『정토론』이라는 저서를 통해 극락세계에는 여인이 왕생할 수 없다고 주장하였다. 유식불교를 창시한 무착과 세친은 철저한 미륵신앙자로서 도솔천 왕생을 기원했던 사람들이다. 그리고 그들의 학풍을 이어받은 규기 또한 이들과 견해를 같이했다.

이와 같은 견해는 일부 정토교 학자들에게도 그대로 이어진다. 정토교 학자인 가재(迦才)는 극락세계에는 여인이 없다고 하였다.

회감(懷感) 또한 극락에는 아미타불의 신통력으로 변화되어 나타난 여인은 존재하지만 실제의 여인은 없다고 하였다. 그렇다면 이들의 주장처럼 과연 극락세계에는 여인인 왕생하여 존재할 수 없는 것일까?

『대아미타경』과 달리 『무량수경』에는 법장비구의 서원이 48가지로 나타나 있다. 그리고 제35원에는 앞의 내용과 비슷한 서원이 설해져 있다.

> 만일 제가 부처가 될 때 시방세계의 한량없고 불가사의한 모든 불국토의 여인들이 저의 이름을 듣고 환희하여 즐거이 믿고 보리심을 일으켜 여자의 몸으로 태어나는 것을 싫어하고 멀리하였는데도 목숨을 마친 뒤에 다시 여인의 모습을 받게 된다면, 저는 차라리 부처가 되지 않겠습니다.

보는 바와 같이 이 제35원은 앞의 제2원과 무언가 뉘앙스가 다르다는 것을 느낄 수 있다. 즉 35원을 자세히 살펴보면 그 서원에는 일정한 조건이 붙어 있음을 알 수 있다. 이 서원에서의 핵심은 모든 여인들이 극락세계에서 또다시 여인의 몸으로 태어나는 것을 본인 스스로 싫어하는 경우에 한정한 것이다. 이를 다른 관점에서 해석해 보면 모든 불국토에 존재하는 여인들이 극락세계에서 다시 여인으로 태어나기를 원한다면 그것을 허용하겠다는 의미로 받아들일 수도 있는 것이다.

우리의 현실에서도 우리들이 여자들의 입장을 물어보면 남자로 태어나고 싶다는 사람도 있고 여자로 다시 태어나고 싶다는 사람도 있다. 즉 모두 다 여자로 태어나는 것을 싫어하지는 않는다는 것이다. 따라서 남자의 몸을 선택하든 여자의 몸을 선택하든 그것은 일종의 취향이나 권한이지 그 선택에 대해서는 누구도 관여할 자격이 없는 것이다.

이러한 측면에서 볼 때 법장비구의 제35서원은 이러한 연인들의 선택권을 침해하려는 의도는 없었던 것으로 볼 수도 있는 것이다. 즉 법장비구는 여인의 몸으로 태어나기를 싫어하는 여인들에 한정해서 그들이 다시 여인은 몸으로 태어날 경우, 성불하지 않겠다는 서원을 세웠던 것으로 이해하는 것이 타당할 것이다.

그리고 법장비구는 이미 제18원에서 시방 세계 모든 중생들의 왕생을 서원했다. 이 또한 모든 사람들이 다 남성의 몸으로만 왕생하기를 바랄 것이라고 단정 짓기에는 경솔한 감이 있는 것이다. 즉 여기에는 이미 여인의 몸으로 태어나고 싶어 하는 사람들도 포함되어 있다고 보는 것이 보다 더 합리적인 해석일 것이다.

실제 『아미타경』이나 『관무량수경』에는 여인의 극락왕생 가능성이 설해져 있다. 『아미타경』에서는 어떤 선남자나 선여인이 아미타불에 대한 설법을 듣고 그 명호를 마음에 굳게 지니어 7일 동안 그 마음이 흐트러지지 않는다면 곧 아미타불의 극락국토에 왕생하게 될 것이라고 하였다.

그리고 『관무량수경』에서도 선남자나 선여인으로서 만일 염불하게 되면, 관세음보살과 대세지보살이 그의 훌륭한 벗이 되고 곧 극락세계에 태어날 것이라고 한 것이다. 물론 『대아미타경』의 제2원에만 의한다면 이 여인들이 극락왕생할 때는 모두 남자의 몸으로 다시 태어난다고 보는 것이 보다 정당할 것이다.

그렇지만 『무량수경』의 제35원이나 제18원을 보다 폭넓게 해석하거나, 앞서 언급한 것처럼 인간들의 일반적인 성결정권 등도 고려한다면 여인들 또한 극락세계에 왕생할 수 있다는 견해가 결코 잘못된 것이라고는 할 수 없을 것이다.

그럼에도 불구하고 앞서 언급한 『무량수경』의 내용에 의거하는 한, 남성이나 여성을 막론하고 5역죄를 짓거나 정법을 비방한 자들은 극락왕생할 수 없는 것이다.

토론주제

1. 아미타불의 극락세계는 정말 존재하는 것일까? 아니면 허구적인 상상의 세계에 지나지 않는 것일까?

2. 아미타사상에서는 아무리 죄를 많이 지어도 아미타불의 공덕으로 극락세계에 모두 왕생할 수 있다고 한다. 이 극락왕생 사상이 우리의 삶과 사회에 어떤 영향을 끼치게 될까? 긍정적일까? 부정적일까?

참고문헌

현 송, 『정토불교의 역사와 사상』, 운주사, 2014.

장휘옥, 『정토불교의 세계』, 불교시대사, 1997.

우리는 왜 미륵불을 찾는가

– 미륵사상 –

미륵사상은 불교 사상사에 있어 매우 중요한 위치를 점하고 있는 사상이다. 왜냐하면 미륵불은 석가모니불의 대를 이어 바로 다음 대의 부처로서 인정받고 있기 때문이다. 따라서 미륵이란 존재는 누구이며, 그 사상이 어떻게 대중들의 마음과 생활 속에 자리잡고 있는지 알아보는 것은 중요하다. 미륵사상은 각 국가마다 부정적으로 작용한 측면도 있고, 긍정적으로 작용한 측면들도 많다. 미륵사상의 어떤 사상적 특성 때문에 이러한 긍정적이면서도 부정적인 문제들이 발생하게 되는지 그 구체적인 내용들에 대해 탐구해본다.

미륵사상은 어떠한 사상인가?

미륵사상이란 미륵보살 또는 미륵불에 기반하고 있는 사상이다. 미륵보살은 흔히 일생보처보살이라고도 하는데, 이는 다음 생에 석가모니의 대를 이어 부처가 되기로 정해져 있는 보살이기 때문이다.

이 미륵보살은 현재 도솔천에 머물며 그 곳 중생들을 제도하기 위하여 교화하고 있는 보살이다. 그리고 56억년이 지나면 이 세계에 다시 내려와 부처를 이룬 다음 이 땅을 용화세계라고 불리는 불국토로 만든다고 한다.

그런데 이 미륵보살이 도솔천에 왕생하기 전에는 석가모니 부처님의 제자로서 역사적 실존인물이었다. 『미륵상생경』은 우바리라는 제자가 미륵의 인물됨에 대해 부처님께 물어보자 이에 대해 부처님이 답변하는 형식으로 이루어져 있다.

이에 의하면 미륵은 현재 부처님의 제자로서 번뇌를 다 끊지 못한 범부의 몸을 가지고 있지만 12년 후에는 목숨을 마치고 도솔천에 왕생하여 대보살의 위엄을 갖출 것이라고 말한다.

또한 미륵보살을 공경하여 예배를 드린 사람들은 백 억겁 동안 지은 죄업이 사라질 것이라고 하여 미륵보살의 공덕을 찬탄하고 있다. 이는 곧 모든 사람들에게 현재의 평범한 모습만으로 미륵이라는 제자에 대한 선입관이나 편견을 가지게 될 것을 우려하여 경계하도록 한 것이다.

이러한 미륵사상은 이미 『아함경』에서부터 설해지고 있다. 『장아함경』에서는 「전륜성왕수행경」, 『중아함경』에서는 「설본경」에서 미륵사상이 나타나고, 『증일아함경』에서는 총 13개품에 미륵사상이 등장한다.

또한 『현우경』이나 『현겁경』을 포함한 여러 초기 경전들에도 단편적으로 미륵사상이 설해져 있는데, 이런 초기경전들의 미륵사상은 대승불교의 발생과 함께 여러 미륵관계 경전들의 탄생으로 이어진다. 그리고 이들을 내용상 세 가지로 분류하여 흔히들 미륵3부경이라 부르는데, 이들 경전이 바로 『미륵상생경』, 『미륵하생경』,

『미륵대성불경』이다.

이러한 미륵사상은 신앙적인 측면으로도 발전하게 되는데 인도의 유식학파는 대부분 미륵보살을 신앙하고 도솔천에 왕생하기를 바랐다고 한다. 그리고 이러한 신앙 형태는 유식학파를 계승한 중국의 현장(玄奘)에게로 이어졌다. 현장은 항상 도솔천의 미륵보살을 신앙의 대상으로 삼았으며 사후에도 도솔천에 왕생하기를 바랐다고 한다.

현장의 제자인 규기(窺基)는 신앙적인 측면 뿐만 아니라 교학적인 측면에서도 미륵사상에 대한 많은 저술을 남겼다. 그는 미륵3부경에 대한 주석서인 『관미륵상생도솔천경찬』과 『미륵하생경의소』, 『미륵하생성불소』 등을 저술하여 미륵사상을 확립하는데 많은 기여를 하였다.

규기는 또한 유식학파의 신앙과 학문체계를 이어받아 법상종을 창립하였는데, 당시 법상종 학자들은 모두 미륵신앙자로 여겨졌다. 그리고 법상종은 종파불교의 창종 인물로 볼 때 밀교를 제외하고는 가장 늦게 성립된 종파라고 할 수 있다.

따라서 규기는 늦게 출발한 자기 종파의 체계 확립과 발전에 미륵사상을 적절히 이용했다고도 볼 수 있다. 왜냐하면 통일된 신앙 형식과 이를 뒷받침 할 교학의 완성은 내부의 결속력을 다지는 데 상당한 도움이 되었을 것이기 때문이다.

규기의 저술 외에 현존하고 있는 대표적인 미륵관련 저술로는, 혜균(慧均)의 『미륵경유의』와 원효(元曉)의 『미륵상생경종요』, 그리고 경흥(憬興)의 『삼미륵경소』, 『미륵상하생경술찬』 등이다. 이 외에도 영유, 지의, 혜정, 정매, 원측 등을 포함한 여러 학자들에게도 미륵사상에 관한 저술들이 있었다고 하나 현존하지는 않는다.

왜 도솔천에 왕생하려고 하는가?

미륵사상을 사상적인 측면에서 살펴본다면 크게 미륵상생 사상과 미륵하생 사상으로 나눌 수가 있다. 미륵상생 사상은 사후에 도솔천에 왕생하여 미륵보살을 친견하고 도솔천의 여러 복락을 누리고자 하는 사상으로 이는 『미륵상생경』에 설해진 사상이다.

도솔천은 욕계의 하늘로서 비록 청정한 불국토는 아니지만 사후 왕생을 추구한다는 측면에서는 아미타사상과 비슷하다. 그러나 왕생사상 중에서 불국토가 아닌 욕계천에의 왕생만을 온전히 설하고 권하는 경전은 『미륵상생경』 뿐이라 할 수 있다.

『미륵상생경』에는 도솔천의 아름다운 모습에 대해 다음과 같이 묘사하고 있는데, 이는 도솔천에 존재하고 있는 천자들의 서원으로 이루어진 것이다.

> 우리들이 이제 지니고 있는 이 값을 매길 수 없는 보배 구슬과 천관으로써 미륵보살에게 공양하고자 합니다. 이 미륵보살은 다음 세상에서 오래지 않아 아뇩다라삼막삼보리를 이루게 될 것이니 그 때 우리가 저 부처님의 장엄한 국토에서 수기를 얻을 수 있다면 우리들의 보배관이 공양물이 되게 하소서.

즉 현재 도솔천에 존재하고 있는 하늘나라 사람들은 미륵보살이 후에 부처를 이루면 그 국토에서 제도 받을 수 있다는 기약을 바탕으로 원을 세우게 된 것이다. 그리고 이 하늘사람들의 서원으로 이루어진 도솔천의 모습은 다음과 같다.

> 모든 천자들이 이렇게 서원을 세울 때, 이미 이 모든 보배관들이

오백만억 보궁으로 화하리라. 이 각각의 보궁에는 일곱 겹의 담이 있고, 그 각각의 담은 일곱 가지의 보배로 이루어지며, 그 각각의 보배에서는 오백억 광명이 나오리라. 또한 그 각각의 광명중에는 오백억의 연꽃이 있으며 각각의 연꽃은 오백억의 칠보로 된 나무로 변하며 각각의 나뭇잎에는 오백억의 보배색이 있으리라. 또 그 각각의 보배 색에는 오백억의 염부단금의 광명이 있고 각각의 염부단금 광명중에는 오백억의 모든 하늘의 보배스런 여인들이 나오느니라. 그리고 그 각각의 보배스런 여인들이 나무아래에서 백억의 보석과 무수한 목걸이를 잡고서 미묘한 천상의 음악소리를 내느니라.

이렇게 도솔천 천자들의 서원과 그 서원으로 이루어진 도솔천의 모습은 우리들이 상상하기에도 너무나 아름다운 모습이다. 따라서 현실 세계에서 고통 받고 살아가고 있는 사람들에게 도솔천은 항상 마음속으로 그리는 이상향의 세계인 것이다.

물론 이러한 도솔천 왕생사상은 『법화경』에도 설해져 있지만 여기에는 극락왕생 사상도 같이 설해져 있다. 『법화경』, 「보현보살권발품」에서는 이 경을 수지하고 외우고 이해한 공덕으로 도솔천에 태어날 수 있다고 하였고, 「약왕보살본사품」에서는 여인으로서 경을 듣고 설한 바대로 수행하면 극락세계에 태어날 수 있다고 하였다.

미륵보살은 현재 도솔천에서 중생들을 위하여 설법하고 있는데, 『대반야경』에서는 모든 보살들도 이 세상에 오기에 앞서 먼저 도솔천에서 미륵보살을 섬기고 공양한 후 이 세계에 탄생한다고 한다.

중국에서 도솔천에의 왕생을 추구했던 최초의 사람은 동진의 도안(道安)이다. 전진(前秦, 351~394)의 왕 부견(苻堅)은 외국의 금박

(金箔)을 입힌 높이 7척의 기댄 자세의 불상과 금불좌상, 구슬로 꿰어 만든 미륵상, 금실로 수놓은 불상, 직물로 만든 불상을 각기 하나씩 보내왔는데 도안은 강회나 법회가 있을 때마다 그 존상들을 나열하였다고 한다.

그리고 도안의 제자들도 도솔천왕생을 기원하였는데, 법우(法遇) 등은 미륵불 앞에서 서원을 세우기를 항상 도솔천에 태어나기를 원하였다고 한다.

법현(法顯)은 인도에 구법 여행한 최조의 중국인 승려로서, 그는 구법 여행을 할 때 북인도 타력국(陀歷國)에 존재했다고 하는 거대한 미륵보살상 앞에서 항상 예배하였다.

그리고 불교가 중국에 전래된 것은 이 신령스런 미륵보살상이 길을 열어준 것이라 믿고 감격해 했다고 한다. 귀국 후 법현은 이러한 인도의 미륵신앙을 중국에 전하였는데 그 신비적인 미륵영험담은 5세기 초 중국인들의 신앙에 큰 영향을 주었다.

그렇다면 왜 사람들은 아직 부처가 되지 못한 미륵보살의 도솔천에 왕생하기를 기원하는 것일까?

일반적인 불교 신자라면 보살보다는 부처의 공덕과 그 위신력에 더 기대기 마련이다. 즉 보편적인 관점에서는 미륵보살이 부처를 이루고 난 후, 그 미륵불의 불국토에 왕생하기를 기원하는 것이 더 불교적 신앙에 부합하는 것이다. 그렇지만 여기서 문제가 되는 것은 미륵보살이 부처가 되는 시기이다.

『미륵상생경』에 의하면 미륵보살은 앞으로 56억년 후에야 하생하여 부처가 된다. 이는 현재의 평균 수명으로 80년 정도를 사는 우리들 입장에서 볼 때는 도저히 극복하기 힘든 먼 미래의 일이다. 즉 56억년이라는 시간은 좋고 싫고를 떠나서 지극히 비현실적이라 우리와 상관없는 일로 여기기도 쉽다.

즉 이 미륵보살의 하생과 성불을 기다린다는 것은 너무나 어려운 일인 것이다. 따라서 사람들은 그들이 죽은 사후에 바로 도솔천에 왕생하여 도솔천의 복락을 누리고자 하는 도솔천 왕생사상이 좀 더 현실감 있게 다가왔을 것이다. 그리고 도솔천에 왕생한다는 것은 또 하나의 기약을 보장할 수도 있다.

일반적으로 도솔천의 수명은 하늘 나이로 4천세인데, 이는 인간 세계의 나이로 56억년에 해당한다. 이는 도솔천에 왕생하기만 하면 56억년 동안 도솔천에서 천상의 복락을 누린 후 바로 미륵불의 용화세계에서 구제받을 수 있는 것이다.

그렇다면 어떻게 하면 도솔천에 왕생할 수 있는 것일까? 즉 도솔천에는 아무나 왕생할 수 있는 것인가? 『미륵상생경』에서는 일반적으로 도솔천에 왕생하기 위해서는 5계나 8재계를 지키고 구족계를 지니어 몸과 마음을 다하여 정진하여야 한다고 말한다. 또한 10선업을 실천하여 올바른 삶의 자세를 지니며 살아갈 것도 요구하고 있다.

그렇지만 일반 사람들이 이러한 계율들을 다 지키며 살아가기란 너무 어려운 일이다. 즉 이 조건대로라면 도솔천에 왕생할 수 있는 사람들은 얼마 되지도 않고 사람들은 도솔천 왕생에의 희망을 접고 포기해 버릴 수도 있을 것이다.

그래서 인지는 몰라도 보다 쉬운 방법들도 제시하고 있다. 즉 이 경전에서는 다시 누구든지 미륵보살의 이름을 듣고서 기뻐하고 예배를 드리거나, 향이나 꽃 등 자신들의 가능한 보시물들을 공양한다면 도솔천에 왕생할 수 있다고 한다. 이는 분명 보다 많은 사람들의 왕생 가능성을 열어둔 것이라고 할 수 있다. 즉 이 정도면 누구나 도솔천 왕생을 희망하고 꿈꿀 수 있는 것이다.

큰 틀에서 볼 때 미륵상생 사상은 당장 현세의 과보를 추구하는 사상도 아니고 죽음이라는 인간의 궁극적 과제를 극복할 수 있는 사상도 아니다. 그러나 현재의 노력으로 인해 사후에는 그 과보를 받을 수 있다는 점에서는 분명 조금의 위안이 되는 사상임에 틀림없다. 그리고 왕생을 위한 노력은 바로 지금 이 현실 속에서 이루어져야만 하므로 꼭 현실과 관계없는 사상이라고 할 수는 없는 것이다.

미륵사상은 왜 정치적 도구로 이용되었는가?

미륵하생 사상은 『미륵하생경』등을 기반으로 한 사상이다. 하생 사상의 궁극적인 목적은 우리들이 살고 있는 이 세상에 미륵불이 출세하면 3회 설법을 통해 구제받으려고 하는 사상이다.

미륵불이 출세한 후의 용화세계는 전륜성왕이 다스리는 이상적인 사회이자, 수명이 8만 4천세나 되는 아름답고 풍요로운 세계이다.

> 그 세계 사람들의 수명은 8만 4천세를 다할 것이며 중간에 일찍 죽는 일이 없을 것이며, 날마다 지극한 안락을 누릴 것이다. 그 세계에는 기두말이라는 큰 성이 있고, 또 칠보로 만들어진 누각이 있는데 매우 장엄하고 아름답고 깨끗할 것이다. 그 곳 여인들의 손에는 진주 그물이 있는데, 그 그물에는 보배방울들이 가득 달려있어 하늘나라 음악처럼 아름다운 소리를 낸다. 또한 칠보로 이루어진 나무들이 줄지어 서 있고, 나무들 사이에는 다시 칠보로 이루어진 개울과 샘들이 있다. 그 개울에는 개울마다 다른 빛의 물이 흘러 서로 아름답게 비쳐 조화로울 것이며, 물가에는 금모래가 깔려 있다.

> 그리고 미륵부처님은 세 번의 설법을 통해 각각 96억, 94억, 92억 명의 사람들이 아라한을 성취하도록 제도하실 것이다.

이와 같이 미륵불이 출세하면 현재 우리들이 살고 있는 세계는 천국과 같은 화려한 세계로 변모한다. 이는 바로 미륵불의 능력 곧 부처로서의 공덕력 때문이다. 그런데 당시 중국사회에서는 이 미륵사상이 대부분 현실의 정치·사회체제를 부정하는 입장에 이용되었다.

미륵하생 사상을 표방한 최초의 난은 515년 북위시대에 일어난 대승적(大承賊)의 난인데, 대승적은 자신이 출세한 미륵불임을 표방하였다. 당시 북위 조정에서는 10만의 군사를 파병하여 4개월에 거쳐 진압한 것으로 보아 상당히 큰 반란사건이었음에 틀림없다.

수나라 말기 610년에는 백의(白衣)를 입은 자들이 다시 난을 일으켰고, 613년에는 송자현(宋子賢)의 난과 향해명(向海明)의 난이 동시에 일어났는데, 이들은 모두 미륵불의 출세를 표방하였다.

남북조시대 이후 미륵사상은 아미타사상을 아득하게 따돌릴 만큼 광범위하게 퍼져나갔다. 그리고 이러한 현상은 수나라시대까지 이어졌다. 이러한 분위기 속에서 미륵사상은 정치·사회적인 개혁이란 명분아래 정부에 대항하는 반정부 세력의 도구로도 이용되었던 것이다. 또한 당나라 시대에 이르러서는 측천무후도 자신의 황위를 정당화하기 위해 자신이 미륵불의 현신임을 널리 알리는데 주저하지 않았다.

과거와 달리 현재의 인간세계는 과학기술의 발달로 인해 확실히 옛날보다는 살기 좋은 세계로 변모한 것이 사실이다. 그리고 이 과학기술이 계속해서 발전해간다면 먼 미래에는 지금은 상상도 할 수 없을 만큼 화려한 세계로 변화될 것임은 분명하다. 왜냐하면 하루하루 발전해가는 과학기술의 속도는 현재를 살아가고 있는 우리들도 따라가기 벅찬 것이 현실이기 때문이다.

『미륵상생경』에 의하면 미륵불은 56억년 후에 이 세상에 출세한다고 말한다. 이 세계는 산업혁명 이후 약 300년 동안에 이룩한 과학기술의 발달로도 이렇게 놀라울 정도로 변화했는데, 56억년 동안의 변화는 과히 상상하기도 힘들다. 그렇다면 과학기술의 측면에서만 볼 때 이 세상의 발전과 변화를 위해서는 굳이 미륵불의 출현까지 기다릴 필요는 없을 것 같다.

하지만 과거로 가면 갈수록 확실히 과학기술의 발전이 더디거나 정체되어 그 변화과정을 체감하기는 어려웠을 것이다. 즉 그들은 분명 현재 자신들이 살고 있는 세계의 모습이 먼 미래에도 큰 변화 없이 그대로 이어질 것이라고 생각했을 가능성이 크다.

그러한 측면에서 미륵하생 사상에서 설하는 용화세계는 그들이 너무나 원하는 이상적인 세계로 받아들여졌을 것이다. 더군다나 시대가 혼란하고 경제적으로 궁핍한 삶을 사는 이들에게는 용화세계를 바라는 마음이 더욱 더 절실했을 것이다.

또한 전문적인 불교공부를 하지 않은 일반 대중들은 미륵부처님이 56억년 후에 출세한다는 경전의 내용을 제대로 알았을 리가 없다. 즉 그들은 미륵부처님이란 존재와 미륵부처님이 우리가 살고 있는 이 땅에 훌륭한 세상을 건설한다는 일반적인 내용에만 관심과 흥미를 보였을 가능성이 크다.

따라서 무지한 대중들은 자기가 곧 미륵불이며, 아름다운 용화세계를 건설할 것이라고 주장하는 사람들의 말을 아무런 의심 없이 믿고 따랐을 것이다. 이러한 점에서 미륵사상은 혼란스럽고 살기 어려운 시대일수록 개인적인 욕망을 추구하는 사람들의 정치적인 도구로 많이 이용되었던 것이다.

하지만 이렇게 미륵사상을 부정적으로 이용한 사람들과 달리 진실하게 불교를 신봉하는 불교도들의 입장에서도 미륵불의 빠른 출현을 기대하기도 한다. 왜냐하면 자기가 바라고 원하는 일들은 빨리 이루어질수록 좋은 것이기 때문이다. 그렇다고 그것이 그러한 사람들의 바람대로만 이루어질 수는 없다.

『불설처처경』에서는 미륵보살이 빨리 하생하여 성불하지 않는 데에는 4가지 인연이 있기 때문이라고 하였다.

첫째는 도솔천의 복덕 즉 미륵보살의 복덕이 이 세상에 응하는 데는 때가 있으며, 둘째는 이 세상의 인간들이 거칠어서 경을 받아 지닐 사람이 없으며, 셋째는 공덕이 아직 차지 않았으며, 넷째는 이 세상에는 경을 올바르게 설할 수 있는 사람이 아직 없기 때문이라는 것이다.

이와 같이 우리는 무턱대고 미륵불의 출세만을 기대해서는 안 될 것이다. 왜냐하면 모든 것은 그것이 이루어지는 시기와 때가 다 정해져 있기 때문이다. 그렇다면 현재를 살아가고 있는 우리에게 진정 필요한 것은 무엇일까?

그것은 바로 부처님이 설하신 올바른 삶의 방식을 실천하며 살아가는 것이다. 그러한 삶을 사는 사람이 바로 가깝게는 도솔천에의 왕생을 기약할 수 있는 것이며, 비록 먼 훗날이지만 용화세계로의 하생도 기약하여 진정한 미륵부처님의 제도를 받을 수 있을 것이기 때문이다.

극락세계와 도솔천 중 어디가 더 왕생하기 쉬운가?

중국에서의 교학 발전사를 살펴보면 크게 아미타사상을 신봉하는 사람과 미륵사상을 신봉하는 사람들 사이에 중요한 논쟁이 있었다. 그것은 바로 극락세계와 도솔천 중 어느 곳이 더 훌륭한 세계인가와 그 두 곳 중 어느 곳에 왕생하는 것이 더 쉬운 일인가 이다.

앞서 말한 바와 같이 극락세계는 부처님이 직접 관장하는 불국토의 세계이고, 도솔천은 욕계의 하늘 중 네 번째 하늘에 지나지 않는 세계이다. 따라서 불교의 세계관에 의하면 극락세계가 도솔천보다는 훨씬 더 훌륭한 세계임에는 말할 것도 없다.

그리고 그 곳에 왕생하는 일도 당연히 극락세계가 훨씬 쉬운 장소임에도 틀림없을 것이다. 왜냐하면 극락세계는 부처님이 다스리는 세계이고, 도솔천은 보살이 다스리는 세계이기 때문이다. 즉 공덕력 측면에서 보자면 보살의 공덕력은 부처의 그것에는 비할 수가 없는 것이다.

그렇지만 이렇게 당연한 것 같은 내용에 대한 규기는 생각은 달랐다. 즉 대부분의 학자들이 인정한 이 문제에 대해 규기는 시대적 흐름을 거스르고 적극적으로 반론을 제기하였다.

규기는 별시의취설을 근거로 사후에 바로 정토에 왕생할 수 있다는 견해는 잘못된 것이라고 하였다. 별시의취는 일종의 방편설로서 현실적으로 왕생하는 데에는 시간적 격차가 있어 왕생하는 시기를 다른 시간대로 보는 것이다. 즉 정토에 왕생할 수 있는 공덕이 있다 할지라도 이는 사후에 즉시 왕생하는 것이 아니라는 것이다.

그렇다면 언제 사람들은 극락세계에 왕생할 수 있는 것인가?

별시의취에 의하면 중생들은 먼 미래 언젠가 그 공덕의 인연이 무르익는 시기가 되는 때에야 비로소 왕생하는 것이라고 본다. 규기가 이렇게 주장한 배경은 바로 극락세계로의 왕생이 결코 쉬운 일이 아님을 강조하려는데 있는 것이다.

하지만 아미타사상가들의 입장은 다르다. 담란(曇鸞)은 『왕생론주』에서 극락세계에 왕생하기를 원하면 목숨을 마치고 바로 왕생할 수 있다는 『관무량수경』의 내용을 3회, 『무량수경』의 내용을 2회 언급하고 있다. 도작(道綽)도 『무량수경』을 전거로 하여 사후 즉시 왕생설을 주장하였다. 그리고 이는 가재(迦才), 선도(善導), 회감(懷感)도 마찬가지다.

규기는 또한 미륵보살과 아미타불의 자비심을 통해 도솔천왕생의 용이함을 강조하기도 하였다. 즉 미륵보살이 악처인 도솔천에서 교화하는 것은 자비심이 깊기 때문이고, 아미타불이 불국토인 정토에서 중생들을 교화하는 것은 자비심이 상대적으로 얕기 때문이라고 하였다.

이는 미륵보살이 아미타불보다 자비심이 더 깊기 때문에 더 많은 중생들을 도솔천에 왕생시킬 수 있다는 것이다. 더 많은 사람들이 도솔천에 왕생할 수 있다는 것은 도솔천에 왕생하는 일이 훨씬 쉽다는 것을 우회적으로 표현한 것으로 볼 수 있는 것이다.

마지막으로 규기는 일체의 인간에 대한 차별이 없는 무차별이라는 포용성을 내세워 도솔천왕생의 용이성을 주장하였다. 즉 도솔천은 외도와 내도, 대승과 소승을 차별하지 않으므로 모든 사람들이 다 믿고 왕생할 수 있는 곳이라는 것이다.

도솔천은 이 세계에 같이 존재하는 곳으로서 외도든 내도든 또는 대승이든 소승이든 함께 믿는 것을 허용하는 곳이다.

즉 도솔천은 대소승의 문제를 넘어, 불교를 믿지 않는 외도의 모든 사람들도 왕생이 가능한 곳인데, 극락세계는 그렇지 않다는 것이다. 이와 같이 규기는 극락왕생의 용이함을 비판하고 도솔천 왕생의 용이함을 적극적으로 주장하였던 것이다.

『제경요집』에 의하면 현장도 도솔천은 같은 욕계에 속하기 때문에 그 행을 이루기가 쉽고, 미타정토는 범부들이 비루하고 거칠어 수행하는 것을 두려워하므로 그 행을 이루기가 어렵다고 하여, 도솔천에의 왕생행이 더 쉽다고 하였다.

하지만 도솔천 왕생의 용이함을 직접적인 저술을 통해 주장했던 학자는 문헌상 규기가 유일하다. 그리고 이는 무착과 세친, 현장을 통해 이어진 유식사상 계통의 미륵보살 신앙과 도솔천 왕생신앙이 그 밑바탕에 깔려 있음을 간과할 수 없는 것이다.

토론주제

1. 하루하루의 현재만을 중요시하며 살아가는 사람들에게 있어 죽음이후의 복락을 추구하는 미륵사상은 과연 어떤 의미가 있을 수 있을까?

2. 우리는 왜 현재의 삶보다 기독교의 천국이나 미륵보살의 도솔천, 또는 용화세계 등 이상향에 더 열광하는 것일까? 오히려 이런 이상향이 현재의 삶의 가치를 등한시하고 현실세계를 부정하는 부작용을 낳게 하지는 않을까?

참고문헌

『미륵이 밝혀줄 불로장생 이야기』, 대진미디어, 2005.

『사찰을 통해 본 미륵불의 출세』, 하문사, 2005.

❑ 저자 소개

• 조윤호

전남대학교 철학과 교수

화엄, 유식 등을 중심으로 동아시아불교에 대한 철학적 고찰을 수행하고 있으며, 저서로는 『동아시아불교와 화엄사상』(초롱, 2003), 『원측 해심밀경소의 심의식상품 연구』(한국학중앙연구원출판부, 2015, 공저) 등이 있으며, 논문으로는 「유식·법상교학에 대한 종밀의 이해」(『보조사상』 48집, 2017), 「중국화엄사상의 한국적 전개」(『동아시아불교문화』 24집, 2015) 외 다수가 있다.

• 강규여

전남대학교 철학과 강의교수

1975년생. 전남대학교 철학과를 졸업하고 같은 학교에서 동아시아불교를 전공하며 불교와 유(儒)·도(道) 양교 간의 교섭에 관한 논문으로 석사 및 박사 학위를 취득했다. 위진남북조 시대에서 당(唐)을 거쳐 송명(宋明)에 이르기까지의 동아시아 사상사에서 불교가 했던 역할에 주목하여 연구하고 있으며 이와 관련한 몇 편의 논문이 있다. 공역으로 『돈황학대사전』(2016)이 있고, 단독 번역서로서 『묘법연화경소』(2017)가 있다.

• 김현구

전남대학교 철학과 강의교수

최근에는 미국 버클리대학교의 G. 레이코프의 정신과 언어 이론을 탐구하고 있다. 특히 인지언어학의 연구 결과물을 토대로 불교의 인식론을 현대적으로 재해석하고, 인간 의식의 기능과 역할을 연구하고 있다. 대표 저역서로는 『불교는 어떻게 시작되었는가?』(공역, 씨아이알 2017), 『입중론 현전지 연구』(씨아이알 2018) 등이 있다. 논문으로는 「승조의 상즉관에 대한 인도 중관학파적 리뷰」(『동아시아불교문화』 25집), 「『중론』「시간에 관한 고찰」의 철학적 확장성에 대한 탐구」(『불교학보』 78호) 등이 있다.

- **박민현**

전남대학교 철학과 강의교수

전남대학교 철학과에서 『규기의 미륵사상』으로 박사학위를 취득하였다. 초기불교 및 대승불교에 나타난 미륵사상의 원형, 전개, 발전사 등에 대해 연구하고 있으며, 나아가 동아시아의 미륵사상에 관해서도 연구하고 있다. 주요 논문으로는 「미륵사상의 발생과 중심사상」(『정토학 연구』 24집), 「미륵의 명호와 미래불로서의 사상적 기반」(『정토학연구』 37집) 등이 있다.

- **조배균**

전남대학교 철학과 강의교수

화엄사상을 중심으로 불교철학을 공부하고 있으며, 논문으로는 「『화엄오교장』「삼성동이의」에서 법장의 구상」(『범한철학』 69집, 2013), 「십중유식설로 보는 법장의 포월논리」(『불교학연구』 38호, 2014), 「『화엄오교장』「심식차별」 논의에 대하여」(『동아시아불교문화』 19집, 2014), 「법장 연기인문육의법의 화엄학적 해명」(『동아시아불교문화』 32집, 2017)이 있다.